党的创新理论体系化学理化研究文库

◆ 中国式现代化的上海样本研究 ◆

美丽上海建设
人与自然和谐共生的理论与实践

包存宽 李红丽 申沐曦 等 著

上海人民出版社

编审委员会

序

理论的生命力在于创新。我们党的历史，就是一部不断推进马克思主义中国化时代化的历史，也是一部不断推进理论创新、进行理论创造的历史。新时代以来，党的理论创新取得重大成果，集中体现为习近平新时代中国特色社会主义思想。这一重要思想是当代中国马克思主义、二十一世纪马克思主义，是中华文化和中国精神的时代精华，实现了马克思主义中国化时代化新的飞跃。在这一科学理论的指引下，党和国家事业取得历史性成就、发生历史性变革，中华民族伟大复兴进入了不可逆转的历史进程。

习近平总书记深刻指出，"推进理论的体系化、学理化，是理论创新的内在要求和重要途径"。新征程上继续推进党的理论创新，要在体系化学理化上下功夫，从学术基础、实践导向、国际视野、历史维度等方面着力，深化对习近平新时代中国特色社会主义思想的研究阐释，这不仅是继续推进马克思主义中国化时代化的一项基础性、战略性工作，更是持续推动党的创新理论武装走深走实的必然要求。

上海是中国共产党的诞生地、改革开放的前沿阵地，也是马克思主义中国化时代化的实践高地，在党和国家工作全局中具有十分重要的地位。党的十八大以来，上海发展取得巨大成就，从"五个中心"建设、浦东打造社会主义现代化建设引领区、长三角一体化发展等重大国家战略深入推进，到新时代人民城市建设呈现日益蓬勃发展新局面，无不彰显着习近平新时代中国特色社会主义思想的真理力量和实践伟力。

上海市委高度重视党的创新理论武装，高度重视党的创新理论体系化学理化研究阐释，将思想铸魂、理论奠基作为上海建设习近平文化思想最佳实践地的引领性工程。上海理论社科界始终以高度政治自觉和学术担当，以回答中国之问、世界之问、人民之问、时代之问为己任，以"两个结合"为根本途径，高质量开展研究阐释，彰显了与伟大时代和伟大城市同频共振、同向同行的责任担当，形成了丰富研究成果。

为引领推动全市理论社科界深入开展党的创新理论研究阐释，持续推出原创性、有见地、高质量研究成果，上海市委宣传部组织开展了"党的创新理论体系化学理化研究文库"建设。具体编纂中，文库聚焦习近平新时代中国特色社会主义思想的"原理体系"和"上海实践"两大核心内容，既强化整体性系统性研究，又注重从不同领域深入阐释；既提炼、解读标识性概念，又加强重大现实问题研究；既运用各学科资源呈现理论学理深度，又立足上海实际反映实践厚度，从而形成体现历史逻辑、理论逻辑、实践逻辑相统一的研究成果。

实践发展未有穷期，党的理论创新永无止境。在以中国式现代化推进中华民族伟大复兴的新征程上，在上海加快建设具有世界影响力的社会主义现代化国际大都市的砥砺奋进中，实践发展为理论创新打开了广阔的空间，也对党的创新理论体系化学理化研究阐释提出了新的更高要求。衷心希望上海理论社科界始终坚持与时俱进的理论品格，秉持"思想精耕"的卓越匠心，深潜细研、守正创新，不懈探索实践，以更加丰硕的成果回应时代、回馈人民，为推进马克思主义中国化时代化作出新的更大贡献！

中共上海市委常委、宣传部部长　赵嘉鸣

2025 年 5 月

目录

前　言

打造美丽中国建设的"上海样本"

党的二十届三中全会通过的《中共中央关于进一步全面深化改革　推进中国式现代化的决定》提出："聚焦建设美丽中国，加快经济社会发展全面绿色转型，健全生态环境治理体系，推进生态优先、节约集约、绿色低碳发展，促进人与自然和谐共生。"美丽中国建设既是全面建设社会主义现代化国家的重要目标，也是实现中华民族伟大复兴中国梦的重要内容，还是全体人民的共同心愿。

2024 年 1 月，《中共中央、国务院关于全面推进美丽中国建设的意见》发布，明确了美丽中国建设的目标路径、重点任务、行动计划和政策措施，并进一步指出"建设美丽城市"。2025 年 1 月，《关于建设美丽中国先行区的实施意见》《美丽城市建设实施方案》《美丽乡村建设实施方案》三个文件相继印发实施，美丽中国建设"1 + 1 + N"实施体系不断完善：第一个"1"，是《中共中央、国务院关于全面推进美丽中国建设的意见》，这是统揽美丽中国建设各项举措的纲领性文件；第二个"1"，是美丽中国先行区建设，是推进美丽中国建设工作的重要抓手和关键支撑；"N"是指分领域行动，既包括城乡建设领域的美丽城市、美丽乡村，也包括清洁能源、环境治理、绿色制造、绿色交通、绿色金融、科技创新等其他重点领域。至此，一个覆盖"能源、工业、交通运输、城乡建设、农业"等的全领域转型，涵盖包括"美丽蓝天、美丽河湖、美丽海湾、美丽山川""美丽中国先行区、美丽城市、美丽乡村"的全方位提升，包括"因地制宜、梯次推进美丽中国建设"的全地域建设和"建设美丽中国转化为全体人民行为自觉"的全社会行动的人与自然和谐共生美丽中国建设格局已经形成。

上海立足于努力打造美丽中国上海典范，生动演绎人与自然和谐共生现代化国际大都市上海样本，为美丽中国先行区建设和全球超大城市可持续发展贡献上海方案。2024 年 5 月，上海市委、市政府印发《关于全面推进美丽上海建设 打造人与自然和谐共生的社会主义现代化国际大都市的实施意见》，提出了通过"十四五"深入攻坚、"十五五"持续巩固和"十六五"全面提升，到 2027 年"美丽上海建设成效显著"、2035 年"美丽上海总体建成"和本世纪中叶"美丽上海全面建成"的目标愿景，明确将"全面推进美丽上海建设，加快打造人与自然和谐共生的现代化国际大都市"贯穿于城市总体发展战略，统筹低碳发展、环境优美、生态和谐、科技引领、区域合作等各项工作，提出了"十美"共建，打造独具"海派特色"、拥有"国际风范"、体现"秀外慧中"的美丽上海。《美丽上海建设三年行动计划（2024—2026 年）》也于 2024 年 9 月正式发布。

近年来，上海市深入学习贯彻习近平生态文明思想以及习近平总书记考察上海重要讲话精神，紧密结合"五个中心"建设重要使命，统筹推进高质量发展和高水平保护，把生态环境保护摆在突出位置，放在全市大局中进行谋划部署，生态环境保护工作继续走在全国前列，美丽上海建设取得明显成效。但是，对照"加快建成具有世界影响力的社会主义现代化国际大都市"的战略定位，与人民群众对优美生态环境的需求和期盼相比，仍存在薄弱环节，超大城市环境治理能力有待提高，以高水平保护支撑高质量发展有欠缺，破解超大城市环境问题仍需加力。

　　本书聚焦"美丽中国建设的上海样本"。首先,以习近平生态文明思想为指导,从传承与发展的时间维度、不同尺度与类型的空间维度、各领域相互协作的关系维度三个方面,对美丽上海的基本内涵、时代特征、责任担当与内在逻辑等进行学理性阐释和政策性解读。其次,从黄浦江苏州河"一江一河"治理、城市更新与人居环境与生态环境改善、公园城市、金山宝山南北转型、生态安全与城市韧性、长三角一体化治理等经典案例、重要领域、重点问题的"小切口",讲好"以高品质生态环境、人居环境支撑经济高质量发展和人民美好生活""全面推进美丽上海、建设打造人与自然和谐共生的社会主义现代化国际大都市"的"大道理"。最后,探究归纳美丽上海建设、经济社会发展全面绿色转型和超大城市生态环境治理的"密码",并在全球叙事下讲好"美丽中国建设的上海故事"。

第一章

美丽上海建设的思想引领

习近平生态文明思想为美丽中国建设提供了思想引领、价值遵循与行动方针。建设美丽上海，应坚持以习近平生态文明思想为指导，践行人民城市理念，以高品质生态环境、人居环境支撑经济高质量发展和人民群众美好生活，全面推进建设人与自然和谐共生的社会主义现代化国际大都市，着力打造美丽中国的上海样本，为全球超大城市可持续发展贡献上海智慧、提供上海方案。本章对美丽上海建设的价值遵循、人民性立场和实现路径进行学理性阐释，旨在为其他美丽城市的建设提供思想启示与理论借鉴。

一、思想引领：习近平生态文明思想

建设美丽城市是深入践行习近平生态文明思想的具体实践。习近平生态文明思想明确了人与自然生命共同体的理念与价值遵循，绿水青山就是金山银山的发展理念和转换机制，良好生态环境是最普惠的民生福祉这一"为了谁依靠谁"的人民性立场和宗旨精神，山水林田湖草沙是生命共同体的整体观与系统观，用最严格制度、最严密法治保护生态环境的意志和决心，以及共谋全球生态文明建设中的中国智慧与担当。这些重要论断构成一个紧密联系、有机统一的思想和理论体系，深刻揭示了人与自然的关系、经济发展和生态环境保护的关系，深化了对经济社会发展规律和自然生态规律的认识，为建设人与

1

自然和谐共生的美丽城市指明了方向，提供了价值遵循和行动方针。

一是坚持人与自然和谐共生。人与自然之间的关系是人类社会最基本的关系。在人与自然的关系中，人是主动的，自然是被动的。人类只有遵循自然规律才能有效防止在开发利用自然上走弯路，防止破坏自然以及可能由此带来的对人类自身的伤害，人类对大自然的伤害最终会伤及人类自身，这是无法抗拒的规律。因此，处理好人与自然的关系，实现人与自然的和谐，并不是要求自然怎么样，关键在于人，人类要尊重自然（对待自然的态度）、顺应自然（顺应自然规律）、保护自然（主动保护自然的自觉行为），对人类自身行为尤其是人类生产方式、生活方式的管控与约束、规制与调整，把绝大多数的经济活动、人的行为安排在城镇空间里、限制在生态环境资源所能够承受的限度内，给子孙留下更多的农田，给自然生态留下休养生息的时间和空间。

人与自然和谐共生、人与自然生命共同体是一对很重要又易于混淆的概念（范畴），这里也稍做解释：人与自然生命共同体是理念向度的，是价值规范，其他相关的共同体理念，如地球生命共同体、人类命运共同体、山水林田湖草沙生命共同体，以及区域/流域发展共同体等也是如此；人与自然和谐共生是实践向度的，是行为准则，用于界定或限定社会实践的，比如，实现人与自然和谐共生的现代化，建设人与自然和谐共生的美丽中国/美丽城市，站在人与自然和谐共生高度谋划发展。

二是坚持绿水青山就是金山银山。"两山"理念阐述了经济发展和生态环境保护的关系，揭示了保护生态环境就是保护生产力、改善生态环境就是发展生产力的道理，阐明了经济发展与环境保护的辩证统一关系，指明了实现发展和环境保护相协调的新路径。"两山"理念，是新时代处理好经济发展与环境保护关系的基本遵循。生态环境问题归根结底是发展的问题，是生产方式和生活方式的问题。要从根本上解决生态环境问题，必须贯彻创新、协调、绿色、开放、共享的新发展理念，加快形成节约资源和保护环境的空间格局、产业结构、生产方式、生活方式。因此，只有走绿色低碳高质量的新型城镇化发展之路，才能建设人与自然和谐共生的美丽城市。

三是坚持良好生态环境是最普惠的民生福祉。优美的生态环境是人民群众对美好生活需要的重要组成部分。既要创造更多物质财富和精神财富以满足人民日益增长的美好生活需要，也要解决损害群众健康的突出环境问题，加快改善生态环境质量，提供更多优质生态产品，努力实现社会公平正义，不断满足人民日益增长的优美生态环境需要。美丽中国、美丽城市建设是人民群众共同参与、共同建设、共同享有的事业。每个人都是生态环境的保护者、建设者、受益者。要增强全民节约意识、环保意识、生态意识，培育生态道德和行为准则，构建全民行动体系，推动形成节约适度、绿色低碳、文明健康的生活方式和消费模式，形成全社会共同参与的良好风尚，把建设美丽中国、美丽城市、美好家园转化为全体人民自觉行动。这两个方面，充分体现了以人民为中心的宗旨和"为了谁依靠谁"的初心。

四是坚持山水林田湖草沙是生命共同体。这是将自然界或生态系统看作一个整体，打破了对各生态要素孤立看待的传统认知，将生态系统之间建立联系，秉承整体性、系统性的生态思维，将山水林田湖草沙等自然要素有机结合，共同构成了人类生存发展的物质基础。山水林田湖草沙是一个相互依存、联系紧密的"生命共同体"，生动形象地阐述了人与自然的一体性关系，体现了生态治理的系统观。必须按照生态系统的整体性、系统性及其内在规律，整体施策、多策并举，统筹考虑自然生态各要素，进行整体保护、宏观管控、综合治理，达到系统治理的最佳效果。在实践中，要从系统工程和全局角度寻求新的治理之道，不能再是头痛医头、脚痛医脚，各管一摊、相互掣肘，而必须统筹兼顾、整体施策、多措并举。

五是坚持用最严格制度最严密法治保护生态环境。建设生态文明，是一场涉及从生产方式和生活方式到思维方式和价值观念的根本性、革命性变革。而要对人类自身行为尤其是人类生产方式、生活方式进行有效的管控与约束、规制与调整，需要依靠制度的力量，发挥制度的优势，并不断将绿色低碳发展、生态环境治理的制度优势及时充分转化为治理效能。

六是共谋全球生态文明建设。地球是全人类的共有家园，建设绿色家园是人类的共同梦想。生态文明建设关乎人类未来，保护生态环境是全球面临的共同挑战。保护生态环境、应对气候变化需要世界各国同舟共济、共同努力，任何一国都无法置身事外、独善其身。

二、价值遵循：人与自然生命共同体理念

人与自然生命共同体的理念，表明了人类与自然界是不可分割、共生共存、荣辱与共的有机体，深刻揭示了人与自然和谐共生的本质关系，强调了生态环境的系统性和整体性，是对马克思主义生态观的传承与创新，是生态文明建设的核心理念与科学方法。[1]上海作为现代化大都市，其城市发展与其自然条件尤其是生态环境息息相关。上海遵循"人与自然生命共同体"理念，推进美丽城市建设，注重生态环境保护，促进实现人与自然和谐共生的现代化，为全球城市的绿色

---

[1] 王南湜：《"共同体"命题的哲学阐释》，《光明日报》2019年8月12日。

低碳转型和可持续发展提供借鉴和示范。

人与自然生命共同体的历史渊源。"人与自然生命共同体"理念，起源于马克思主义生态观，根植于中华文明的悠久传统，并在中国共产党的治国理政实践中得到不断丰富和发展。[1]马克思生态观强调了人与自然和谐共生的必要性和可能性，为"人与自然生命共同体"理念提供了重要的理论支撑。马克思认为，人与自然是对立统一的辩证关系。自然界先于人类而存在，具有不以人的意志为转移的客观规律性。人作为肉体存在是自然界的产物和组成部分，对自然界有依赖性，自然界是人类生存和活动的基础。同时，人具有主观能动性，可以通过生产实践将自然界作为外在的对象加以认识和改造。然而，这种改造必须遵循自然界的客观规律，否则将会受到自然界的惩罚。马克思在《1844年经济学哲学手稿》等著作中，批判了资本主义大生产逻辑下人与自然关系的"异化"现实，并展望了共产主义理想中人与人、人与自然"双重和解"的理想面貌。[2]"人与自然生命共同体"理念丰富了马克思主义的立场、观点和方法，标志着马克思主义人与自然关系理论的中国化和时代化及其在生态文明建设实践中的创新性应用。山水林田湖草沙等自然要素生命共同体与人类命运共同体相互依存，相辅相成，共同构成了人与自然生命共同体的丰富内涵。

五千多年的中华文明也为"人与自然生命共同体"理念提供了丰富的文化滋养。习近平生态文明思想以马克思主义关于人与自然关系理论为基础，对中国传统生态智慧"天人合一"的有机论哲学世界观和"持中贵和"的文化价值观进行创造性转化、创新性发展。中国悠久的农耕

---

[1]　包存宽：《习近平生态文明思想的历史逻辑》，《复旦学报》（社会科学版）2022年第5期。

[2]　参见赵成：《马克思的生态思想及其对我国生态文明建设的启示》，《马克思主义与现实》2009年第2期。

文明，孕育了丰富的传统文化和生态智慧。这些古老哲理思想不仅重视自然关系，肯定自然经济价值，更倡导知足知止的资源利用方式，成为中国式人与自然和谐共生现代化的生态文化基因。[1] 在中华文明中，自然界被视为人类赖以生存和发展的基本条件，人类必须顺应自然、保护自然，才能实现永续发展。中华传统文化中的"顺应自然"是一种生存智慧，不是被动地听命于自然，而是积极地把握自然规律，优化自然万物，发挥和完善人的天赋本性。这些传统生态思想为"人与自然生命共同体"理念提供了深刻的文化底蕴，使其在中国社会具有广泛的认同感和接受度。"人与自然生命共同体"理念用时代精神激活了中华优秀传统文化的生命力，彰显了中华民族的传统生态实践智慧。

"人与自然生命共同体"理念在中国共产党治国理政实践中不断发展和完善。特别是党的十八大以来，以习近平同志为核心的党中央高度重视生态文明建设，不断探索人与自然和谐共生的现代化之道路，提出了习近平生态文明思想。2013 年，习近平总书记在党的十八届三中全会上提出"山水林田湖是一个生命共同体"[2]，强调了自然界各要素之间的相互作用关系。2017 年，党的十九大报告指出"人与自然是生命共同体"[3]，凸显了人类与自然界之间的内在共生性。2022年，党的二十大报告提出"中国式现代化是人与自然和谐共生的现代化"[4]，站在人与自然和谐共生的高度，为中国式现代化描绘了崭新的

[1] 宋献中、胡珺：《理论创新与实践引领：习近平生态文明思想研究》，《暨南学报》（哲学社会科学版）2018 年第 1 期。

[2] 《中共中央关于全面深化改革若干重大问题的决定》，《人民日报》2013 年 11 月 16 日。

[3] 习近平：《决胜全面建成小康社会　夺取新时代中国特色社会主义伟大胜利——在中国共产党第十九次全国代表大会上的报告》，中国政府网，2017 年 10 月 27 日。

[4] 习近平：《高举中国特色社会主义伟大旗帜　为全面建设社会主义现代化国家而团结奋斗——在中国共产党第二十次全国代表大会上的报告》，中国政府网，2022 年 10 月 25 日。

图景。2024 年，党的二十届三中全会《中共中央关于进一步全面深化改革　推进中国式现代化的决定》进一步提出："聚焦建设美丽中国，加快经济社会发展全面绿色转型，健全生态环境治理体系，推进生态优先、节约集约、绿色低碳发展，促进人与自然和谐共生。"[1]

地球如此美丽，也如此脆弱。数百年来，人类在工业化进程中创造巨大物质财富的同时，也加速了对自然资源的攫取，打破了地球生态系统平衡，人与自然深层次矛盾日益显现。当前，世界正站在一个十字路口——是以资源环境为代价换取一时的经济增长，还是走人与自然和谐共生之路，成为摆在全世界面前的时代之问。在新时代，我们应该深刻理解和把握"构建人与自然生命共同体"理念的内涵和意义，积极践行这一理念，推动形成人与自然和谐共生的新格局，牢固树立人与自然是生命共同体的理念，为建设美丽中国、实现中华民族永续发展贡献智慧和力量。

"人与自然生命共同体"理念的理论逻辑。人类是自然界长期演化发展的产物，依存于自然界，并通过实践活动改造着自然界。人与自然之间存在"自然界相对于人类社会"和"人类社会相对于自然界"两个方面的关系，每一个方面又可进一步划分为"正面与负面"或"积极与消极"的两种类型。

一方面，是自然对于人或自然界对于人类社会的限制或支撑作用：其一，自然界不仅是人类活动的对象和载体，而且是人类社会的资源与生态服务提供者，是对人类社会的物质性和自然条件支撑。清新的空气、洁净的水源、肥沃的土地以及丰富的生物多样性，构成了人类社会生存与发展的基础条件，不仅满足了人类基本的生存需求，

---

[1]《中共中央关于进一步全面深化改革　推进中国式现代化的决定》，中国政府网，2024年 7 月 21 日。

还支撑了农业、工业、能源等多个领域的生产活动。自然生态系统的服务功能，如气候调节、水循环、土壤保持等，对于维护生态平衡、促进生物多样性保护、保障人类健康等方面也具有不可替代的作用。这些都是人类社会得以持续进步与繁荣的重要基石。其二，自然也对人类活动产生了一定的制约。不利的自然力、景观格局和生态过程、生态功能，以自然约束甚至是自然灾害等形式，限制、破坏甚至毁灭人类社会，人类为了其生存和发展而进行规避、缓解、应对破坏性自然力的实践活动。极端气候条件、自然灾害等自然现象，如干旱、洪水、地震、飓风等，对人类社会的稳定与发展构成了严峻挑战，不仅威胁着人类的生命安全，还可能导致社会经济的巨大损失，影响社会的正常运行。自然资源的有限性也制约了人类社会的发展。人口的增长和经济的发展，人类社会对自然资源的需求不断增加，但自然资源的再生能力却有限，这导致了资源的过度开采和消耗，进而加剧了生态环境的恶化。因此，自然界对人类社会有双重意义，既要看到其支撑作用，也要正视其限制因素。

另一方面，人类对于自然界的作用是通过各类实践活动实现的，同样具备双重特性。其一，实践作为联结人类与自然的关键纽带，体现了人类社会对自然的能动作用与改造能力，人类通过实践活动，旨在满足自身日益增长的物质文化需求，推动社会经济的持续发展与进步。人类通过实践认识和改造自然，包括塑造景观格局和改变生态系统功能，以满足人类生存和发展的物质需要，这是人类社会存在的基本条件。其二，人类利用自然、改造自然的实践活动，在带给人类社会显著利益的同时，也可能对自然界产生一系列不良影响，资源的过度开采与消耗、生态系统的破坏与失衡等问题日益凸显，对人类社会的可持续发展构成了潜在威胁。例如，森林砍伐导致生物多样性的丧失和土壤侵蚀；工业排放和汽车尾气加剧了空气污染和全球气候变暖；过度捕捞和养殖破坏了海洋生态系统等。这些问题不仅威胁着人类的生存环境，还可能导致社会经济的崩溃和生态系统的崩溃。人类生产生活的各类活动对自然的占用、损害和不良影响，尤其是不恰当的社会劳动可能会干扰甚至会破坏景观格局、生态过程，比如环境污染、生态破坏等导致其生态产品、生态服务的生产或供给能力的降低，并反过来影响人类社会存在与发展的物质基础。具体见图 1-1。

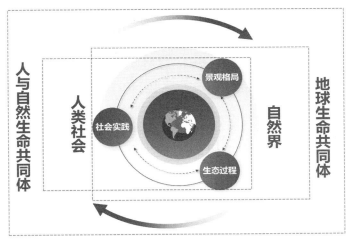

图 1-1　人与自然生命共同体的理论逻辑

其中，景观格局即地理环境的多样性，包括沙漠、深山、平原、海洋、河湖等景观类型，以及城镇空间、农业空间、生态空间等不同空间形态。景观是在不同尺度上具有异质性或斑块性的空间单元，在时间和空间上都表现出高度的复杂性。[1]景观的复杂性来源于时空异质性和各组成部分间的非线性作用，与景观组成、配置和空间结构密切相关。景观格局与生态系统紧密相连，具体体现为土地利用／土地覆被类型的多样性、形状特征、比例构成以及空间配置模式。景观格

[1]　邬建国：《景观生态学——概念与理论》，《生态学杂志》2000 年第 1 期。

局在自然和人文两方面作用下形成，非生物的自然要素（如气候、地形和地貌）为景观格局提供了物理模板，生物要素在此基础上相互作用形成空间格局。[1]人类活动则通过非连续性的物理作用或事件加剧景观破碎化形成不同程度的景观斑块。随着社会经济发展，人类对于景观格局的影响逐渐深入和广泛，已经成为影响景观格局和功能的主要因素。

生态过程则强调了生物与非生物要素间的相互作用与依存关系，构成了一个复杂的生态系统网络。过程强调事件或现象的发生、发展的动态特征。生态过程是景观中生态系统内部和不同生态系统之间物质、能量、信息的流动和迁移转化过程的总称，具体表现多种多样，包括植物的生理生态、群落演替、动物种群和群落动态以及土壤质量演变和干扰等在特定景观中构成的物理、化学和生物过程以及人类活动对这些过程的影响[2]，可以分为自然过程（例如元素和水分的分布与迁移、物种的分布与迁徙、径流与侵蚀、能量的交换与转化等）和社会文化过程（例如交通、人口、文化的传播等）。[3]景观格局和生态过程的相互关系可以表述为"格局影响过程，过程改变格局"，在具体的研究问题上往往需要把二者耦合起来进行研究。景观格局的演变以及生态过程的运行，共同构成了自然界内复杂的生态网络。因此，自然界本质上是一个山水林田湖草沙等多元要素相互依存、彼此影响的生命共同体，其内部各组成部分之间存在着不可分割的紧密联系与

[1] 张秋菊、傅伯杰、陈利顶：《关于景观格局演变研究的几个问题》，《地理科学》2003年第3期。

[2] 肖笃宁、布仁仓、李秀珍：《生态空间理论与景观异质性》，《生态学报》1997年第5期。

[3] 傅伯杰：《地理学综合研究的途径与方法：格局与过程耦合》，《地理学报》2014年第8期。

互动关系。

　　人类社会则是基于人的生产实践活动所构建，与自然的联系深刻植根于这种实践之中。马克思认为，社会物质基础的形成与人与自然之间的社会实践物质变换密切相关。自人类社会诞生以来，人类社会与自然界就形成了主观世界与客观世界的统一体，这种统一体的核心在于人的主观能动性，即实践。在当今全球化的大背景下，人类社会面临的生态环境问题、资源能源问题、粮食安全问题等，都是全球性的挑战，需要全人类共同面对和解决。因此，人类命运共同体的理念应运而生，阐明各国之间应该摒弃零和博弈的思维，坚持合作共赢的原则，共同应对全球性挑战。[1]这一理念是对马克思关于人类社会与自然关系理论的进一步发展和升华，强调了人类社会的整体性、共同性和关联性，为国际社会共同应对全球性挑战绘制了蓝图。

　　因此，人与自然不是孤立的，而是相互依存、相互影响的。人类的生存和发展依赖于自然环境，同时人类活动也对自然环境产生影响，人与自然休戚相关、生死相依。[2]人类在与自然的交互过程中，旨在探寻一种具有深远意义的双赢策略。不仅致力于促进自然界的健康与生态平衡，同时满足人类社会的需求与持续发展的愿景，从而达成生态系统价值的增值。生态价值是指自然界尤其是其生态系统对于人类社会的价值，人的价值不仅体现在社会和文化层面，也体现在与自然环境的和谐相处中，人的价值与生态价值不是对立的，而是相互依存的，需要在发展中寻求平衡。历史唯物主义强调，人类社会的发展是由物质生产力和生产关系的发展决定的，生产力决定生产关系，

---

[1]　耿步健：《论习近平生命共同体理念的整体性逻辑》，《探索》2021 年第 3 期。

[2]　陈学明：《"生态马克思主义"对于我们建设生态文明的启示》，《复旦学报》（社会科学版）2008 年第 4 期。

生产关系反过来作用于生产力。人类社会的历史是自然和社会环境相互作用的历史。人类的实践活动往往伴随着对景观格局的显著改变，并对生态过程进行有意识地干预。这些干预行为是基于人类社会特定的需求和目标，旨在通过调整与优化自然环境，以适应人类社会的发展需求。然而，必须强调的是，这种干预行为必须在审慎与科学的基础上进行。过度或片面地追求满足人类需求，无视自然界的平衡与功能，可能会导致生态系统的严重破坏，进而引发一系列连锁反应，对人类社会的可持续发展构成威胁，甚至造成不可逆转的负面影响。因此，人类社会在利用自然、规划自然的过程中，必须遵循自然规律，以合目的性与合规律性为指导，满足广大人民群众的利益和需求，牢固树立人与自然生命共同体的理念。同时，人的生命安全与自然界的生态安全是相互关联的。环境破坏和生态失衡都会威胁人类的生命安全。反之，保护生态环境也是保护人类自身。人类社会的发展不应以牺牲自然环境为代价。人类的发展必须与自然界的生态存在和发展相协调，实现可持续发展。人与自然是生命共同体的理念贯穿了辩证唯物主义和历史唯物主义世界观、方法论，涵盖了丰富的关于人与自然的辩证关系、人的价值与生态价值的辩证关系、人的生命安全与自然界生态安全的辩证关系、人的生命存在和发展与自然界生态存在和发展的辩证关系等多方面必须予以正确把握的辩证关系。

"人与自然生命共同体"理念，是以习近平同志为核心的党中央在人与自然关系领域探索的实践成果，是实现人与自然和谐共生现代化的内在要求，是应对全球生态难题的中国方案，充分反映了我国对人与自然关系问题的高度重视和对人类美好未来的积极追求。由于全球性生态环境问题超越国家边界，我们要建设的生态文明不限于一时一事、一地一域，是需要全球共同努力达到的一种命运共同体，必须通过全球行动、全球应对、全球合作，才能真正实现。构建人类命运共同体已经从中国倡议扩大为国际共识，从美好愿景转化为丰富实践，有力推动世界走向和平、安全、繁荣、进步的光明前景。中国秉持构建人与自然生命共同体的理念，积极参与全球环境保护和生态文明建设，在全球环境治理中扮演着重要的参与者、贡献者和引领者角色。从倡导建立"一带一路"绿色发展国际联盟，到推动《巴黎协定》达成、签署、生效和实施；从成功举办《生物多样性公约》第十五次缔约方大会（COP15）第一阶段会议、发布《昆明宣言》，到支持发展中国家生态保护事业，中国以实实在在的绿色行动，为加强全球气候与环境治理注入强大动力。尤其是中国于 2021 年、2022 年、2023 年相继提出全球发展倡议、全球安全倡议、全球文明倡议，体现了新时代中国自主、包容、和平的全球治理观，也为全球生态环境治理提供了行为准则。

美丽上海建设，始终把人与自然生命共同体以及人类命运共同体、山水林田湖草沙是生命共同体的理念作为基本遵循，深刻把握超大城市生态环境治理的规律和特征，合理安排生产空间、生活空间和生态空间，将生态环境治理与人民福祉紧密结合，推动环境治理现代化和空间治理现代化，努力建设人与自然和谐共生现代化国际大都市，更好地向世界讲好探索实践人与自然和谐共生美丽城市的上海故事，为全球超大城市可持续发展贡献上海方案。

三、人民性立场：良好生态环境是最普惠的民生福祉

"良好生态环境是最普惠的民生福祉"的理念，体现了以人民为中心的发展思想，是历史唯物主义在生态文明建设中的创造性应用，

解答了生态文明建设的意义与路径。新时代，我国社会主要矛盾已转化为人民日益增长的美好生活需要和不平衡不充分的发展之间的矛盾，其中优美生态环境成为重要需求。满足人民对美好生活的向往是党的奋斗目标，生态文明建设需积极回应人民期盼，提供更多优质生态产品。城市让生活更美好，美丽上海建设的出发点和落脚点就是不断改善生态环境和人居环境。[1] 因此，美丽上海建设以人民城市重要理念作为价值引领，贯彻落实生态惠民、生态利民、生态为民的生态民生观，致力于打造一个真正属于人民、服务人民、成就人民的美好城市。

环境就是民生。美丽上海建设持续推进生态环境与人居环境的持续改善，为市民提供更加宜居的生活环境。作为现代城市发展的新范式，美丽城市首要特征应是环境优美与生态宜居，这构成了城市发展的生态基底，既是城市居民美好生活的重要组织和普惠福祉的源泉，也是城市经济高质量发展的关键支撑。

优美宜居的生态环境、人居环境是城市可持续发展的基底。一方面，良好的生态环境能够让城市居民享受到大自然提供的休闲、娱乐和教育等生态服务功能，感受到生命的活力与美好。城市绿化率的提升、空气质量的改善、城市水体的清洁等，为城市居民提供了清新、宜人的居住环境，使居民能够拥有更加健康的体魄，提升城市居民的精神状态，增强其生活的幸福感与满足感。[2] 另一方面，优美宜居的生态环境是推动城市经济高质量发展的重要因素。发展绿色经济比如生态旅游或其他环境友好型产业都依赖于良好的生态环境，这不仅能

---

[1] 汪信砚：《论习近平生态文明思想》，《中南民族大学学报》（人文社会科学版）2023 年第 10 期。

[2] 朱红、宋兵波：《习近平生态文明思想视阈下人与自然和谐共生的理论构建与实践路径》，《北京林业大学学报》（社会科学版）2024 年第 4 期。

够创造更多的就业机会，还能促进产业结构的优化升级。一个拥有优美生态环境的城市，也往往能够吸引更多的人才、资金和技术，从而推动城市经济的繁荣发展。此外，生态环境质量还能够反映一个城市的发展理念和文明程度，是城市品牌形象的重要构成，也是城市软实力的体现。提升城市的知名度和美誉度，是城市在追求美丽和高质量发展过程中必须重视的任务。

民生随社会发展而变化，初期主要指生存和生计，如衣食住行等基本需求。随着社会发展，民生重心转向人的发展，包括生活品质和精神需求。生态环境作为人的生存和发展的基础，在不同阶段都是关键的民生保障，对于提升民众福祉至关重要。因此，习近平总书记作出了"环境就是民生"的重要论断，认为"环境就是民生，青山就是美丽，蓝天也是幸福。发展经济是为了民生，保护生态环境同样也是为了民生"[1]。良好的生态环境是提升人民生活质量的关键。美丽上海坚持环境就是民生，筑牢优美生态环境与人居环境的生态根基，提供更多优质生态产品，增进生态环境的民生福祉，加强环境风险防范和确保生态安全。

人民城市理念的价值引领。2019 年 11 月，习近平总书记在上海杨浦滨江考察时首次提出"人民城市人民建，人民城市为人民"的重要理念，赋予上海在新时代新征程上建设中国式现代化人民城市的新使命。

近年来在市委、市政府的领导下，上海自觉把人民城市理念贯彻落实到城市发展的全过程和全方面，不断探索和实践，形成了具有中国特色、时代特征、上海特点的人民城市建设样本。在美丽上海的建设中，以人为本的价值导向是核心与灵魂。城市的发展应始终围绕人民的需求与福祉展开，确保城市的各项功能和服务都能满足人民日益

---

[1]　习近平：《在省部级主要领导干部学习贯彻党的十八届五中全会精神专题研讨班上的讲话》（2016 年 1 月 18 日），人民出版社 2016 年版，第 19 页。

增长的美好生活需要。

美丽上海建设以提升人民生活品质为核心目标，建设成果为人民所共享是这一行动的根本目的与归宿。[1]美丽上海建设始终运用人民性立场观点方法，全面而深刻地回应人民群众对美好生活的多元化、高层次追求，构建并维护一个集优美生态环境与舒适安全人居环境于一体的综合体系，始终关注并保障人民群众的根本利益，确保城市建设成果能够惠及全体市民，实现社会公平与正义。这一建设目标不仅标志着对传统城市化模式的超越，更是对新时代背景下人民群众日益增长的生活品质需求的积极回应与深刻实践，需要在城市规划、建设及管理的全链条中，紧密围绕居民的实际需求与体验展开，通过科学合理的空间布局、完善的基础设施体系以及严格的安全管理机制，确保居民能够便捷地获取高效公共服务，享受安全有序的社区氛围，并沉浸于丰富多彩的文化生活之中。尤为重要的是，对老年人、儿童、残疾人等社会特殊群体，特别关注无障碍设施的建设与服务体系的优化，扮靓"生活秀带"，建强"发展绣带"，确保城市的每一个角落都洋溢着人文关怀与温暖。

美丽上海建设离不开人的智慧、创造力与劳动。人民群众是美丽城市建设的主要力量，充分调动人民群众积极性、主动性、创造性，形成人人参与、人人负责、人人奉献、人人共享的全民参与格局。在规划、设计、实施及管理的全过程中，充分尊重并发挥人的主观能动性，鼓励创新思维与实践探索，确保各项政策与措施能够精准对接人民群众的实际需求与期望。注重人才培养与引进，为城市发展提供源源不断的人才支持与智力保障。美丽上海建设作为一项复杂而多维的社会工程，其成功实施与深化高度依赖于人的参与，不仅是政府或特

---

[1] 包存宽、夏甘霖：《抓住人民对优美环境的需要这一现实要求》，《学习时报》2023年8月7日。

定群体的责任，而是全体人民共同的事业。这要求社会各阶层、各领域的人们携手并进，共同为上海的美丽与繁荣贡献力量，形成全体人民共同参与、协同努力的共生行动模式，使每一位市民都能成为城市发展的积极参与者与受益者。通过促进政府与市民之间的有效沟通、鼓励社区自治与公民参与、加强社会组织与企业的社会责任意识，激发全社会的创造活力与凝聚力，形成推动美丽上海建设的强大合力。[1]

　　上海坚持规划先行，引领城市发展，以高标准、前瞻性的城市规划为蓝图，构建更加宜居、宜业、宜游的城市空间。2020 年 6 月，中共上海市委第十一届九次全会审议通过了《中共上海市委关于深入贯彻落实"人民城市人民建，人民城市为人民"重要理念，谱写新时代人民城市新篇章的意见》，为加快建设具有全球影响力的社会主义现代化国际大都市作出了全面规划。该《意见》深刻指出，城市发展的核心在于人民，关键在于落实"衣食住行、生老病死、安居乐业"这十二字方针。基于此，上海明确了未来发展的五大目标：确保人人享有展现才华的舞台、人人能够有序参与城市管理、人人都能享受高品质生活、人人都能深切体会城市温情、人人都能拥有归属感和认同感。广大市民群众以主人翁的姿态，更加积极地投身上海社会治理中，各级各部门诚心拜人民为师，虚心向人民学习，真心汲纳人民智慧，把群众的"金点子"源源不断转化为城市治理的"金钥匙"，结出利民惠民的"金果子"。

四、实现路径：绿色低碳高质量发展

　　"绿水青山就是金山银山"的"两山"理念是习近平生态文明思

---

[1]　包存宽、李红丽：《顶层设计与群众路线相结合　全面推进美丽中国建设》，《天津日报》2024 年 6 月 21 日。

想的重要组成部分。在美丽上海建设的进程中，必须坚持经济发展与生态环境保护相统一的基本原则，这不仅是实现城市可持续发展的内在要求，更是对人民群众美好生活向往的积极回应。

"两山"理念的发展历程。"两山"理念形成贯穿了习近平同志的早期知青岁月、地方工作和党的十七大尤其是十八大以来持续深入思考和不断探索实践的整个过程。早在 20 世纪 80 年代初主政河北正定时，习近平就提出"宁肯不要钱也不要污染"；在福建 17 年（1985—2002 年），深入地进行了生态文明建设的理论思考和实践探索，积累了丰富的理论思想并且随着实践不断成熟、升华，先后 11 次到三明及各县（市、区）141 个点深入调研，作出了"青山绿水是无价之宝""画好山水画"等指示。[1] 2005 年 8 月 15 日，时任浙江省委书记的习近平同志在浙江安吉考察时，面对当地优美的自然风光和人民群众对美好生活的向往，进一步提出了"绿水青山就是金山银山"的科学论断。

随着实践的不断深入，习近平同志进一步阐述了绿水青山与金山银山之间三个发展阶段的问题。这充分体现了马克思主义的辩证观点，系统剖析了经济与生态在演进过程中的相互关系：第一阶段是用绿水青山去换金山银山，这反映了在经济发展初期，人们往往为了短期的经济利益而忽视了对生态环境的保护；第二阶段是既要金山银山，也要保住绿水青山，这标志着人们开始意识到生态环境保护的重要性，遇到了经济发展与资源匮乏、物质财富增加与环境恶化的矛盾，困惑于人的无限欲望与自然的有限资源的矛盾关系，试图在经济发展与环境保护之间找到平衡点；第三阶段是认识到人与自然的辩证

---

[1] 包存宽、李红丽：《机制活、产业优、百姓富、生态美》，《解放日报》2024 年 5 月 13 日。

关系，生态优势可以转化为发展优势，绿水青山本身就是金山银山，这标志着人们已经深刻认识到生态环境与经济发展之间的内在联系，明确了生态优先、绿色发展的新路径，自觉维护和推动人与自然和谐共生。[1]习近平同志在上海工作期间，始终高度重视生态环境保护和绿色发展，坚决贯彻"两山"理念，强调要将生态环境保护摆在更加突出的位置，推动经济社会发展与生态环境保护相协调。

党的十八大以来，以习近平同志为核心的党中央高度重视生态文明建设，给"两山"理念赋予新的时代内涵，并在实践中日臻丰富完善，形成了一套科学完整的理论体系。2013年，习近平主席在哈萨克斯坦纳扎尔巴耶夫大学发表演讲时，再次强调"我们既要绿水青山，也要金山银山。宁要绿水青山，不要金山银山，而且绿水青山就是金山银山"。这一表述不仅彰显了中国共产党对生态文明建设的坚定决心，也为全球可持续发展提供了中国智慧和中国方案。2015年，"两山"理念被正式写入《关于加快推进生态文明建设的意见》这一中央文件，标志着这一理念已经成为国家层面的战略导向。同年，党的十八届五中全会将绿色发展作为五大发展理念之一，进一步明确了生态文明建设在党和国家事业发展中的重要地位。2017年，党的十九大报告指出，"必须树立和践行绿水青山就是金山银山的理念"，这进一步强调了生态文明建设对于实现中华民族永续发展的重要性。同年，国家出台了《生态文明体制改革总体方案》，为生态文明建设提供了制度保障。2018年，十三届全国人大一次会议将生态文明写入宪法，这标志着我国生态文明建设进入了新的历史阶段。同年5月，党中央召开全国生态环境保护大会，正式确立了习近平生态文明思想，其中"绿水青山

---

[1] 秦昌波、苏洁琼、王倩等：《"绿水青山就是金山银山"理论实践政策机制研究》，《环境科学研究》2018年第6期。

就是金山银山"作为六项重要原则之一，为新时代生态文明建设提供了根本遵循。上海等经济发达地区积极响应党和国家的部署，根据高质量发展要求，加强区域绿色发展协作，建设美丽中国先行区。[1]

"两山"理念从根本上打破了传统观念中环境保护与经济发展相互矛盾的误区，提出了两者可以和谐共生、相互促进的新思路。[2]这一论断不仅在中国国内得到广泛实践和推广，而且对全球可持续发展产生了积极影响。2016年，第二届联合国环境大会发布的《绿水青山就是金山银山：中国生态文明战略与行动》报告指出，以"两山"理念为价值引领的中国生态文明建设战略与实践经验，为世界可持续发展提供了中国智慧和中国方案。这一理念强调生态环境保护与经济发展的和谐共生，打破了传统观念中两者相互矛盾的误区，为全球生态文明建设提供了新的思路和路径。

"两山"理念是中国共产党对生态文明建设规律的深刻把握和科学总结。全面推进美丽中国、美丽上海建设，践行"两山"理念，坚持经济发展与生态环境保护相统一，实现经济发展和环境保护的双赢，促进人与自然和谐共生。

"两山"理念的理论内涵。"绿水青山就是金山银山"，不仅是对传统发展模式的深刻反思，更是对未来发展方向的明确指引，其内涵主要包括"统一性""优先性"和"转化性"三大特征。

"统一性"特征强调的是经济发展与生态环境保护的辩证统一关系。首先，"既要金山银山，也要绿水青山"是基本要求，即在追求

---

[1] 周向军、童成帅：《论习近平生态文明思想的哲学基础及其逻辑》，《山东大学学报》（哲学社会科学版）2023年第5期。
[2] 卢宁：《从"两山理念"到绿色发展：马克思主义生产力理论的创新成果》，《浙江社会科学》2016年第1期。

经济发展的同时，不能忽视生态环境的保护。体现在对自然资源的合理利用和保护上，要求我们在发展经济的同时，也要保护好自然环境，不能忽视对生态环境的保护与修复。其次，"绿水青山可带来金山银山，但金山银山却买不到绿水青山"，深刻揭示了生态环境与经济发展之间的内在联系。绿水青山代表着优质的生态环境资源，这些资源是经济发展的基础，能够吸引人才、资金和技术，推动绿色产业和生态旅游等新兴产业的发展，从而创造出新的经济增长点。相反，一旦生态环境遭到破坏，即使短期内获得了经济上的增长，长远来看，也会因为生态退化、资源枯竭等问题而付出沉重的代价，甚至导致经济的停滞和倒退。绿水青山是金山银山的基础和前提，没有良好的生态环境，经济发展就失去了可持续性。最后，"绿水青山与金山银山既会产生矛盾，又可辩证统一"，阐释了统一性的难点与挑战，强调了在经济发展过程中，生态环境保护与经济利益之间可能存在的矛盾，需要通过科学合理的规划和政策引导得到有效解决，实现两者的和谐统一。环境如水，发展似舟，水能载舟，亦能覆舟，只有和谐统一，才能彼此成就。只有当生态环境得到有效保护和合理利用时，经济发展才能拥有坚实的支撑和持续的动力。反之，如果生态环境受到破坏，经济发展就会失去根基，最终陷入不可持续的困境。这就要求在发展中不断寻求平衡点，确保经济发展不会以牺牲环境为代价。

"优先性"特征体现了对生态环境保护的高度重视和坚定决心。当经济发展与环境保护相冲突的时候，如何选择？这一问题的回答，直接关乎发展的方向和未来。一方面，"宁要绿水青山，不要金山银山"凸显了中国绿色发展的决心，为经济发展划定了生态保护的红线。这一红线，不仅是对生态环境保护的底线要求，更是对发展方式的根本性转变。在经济发展过程中，任何可能损害生态环境的行为都必须被严格禁止，任何可能威胁到生态环境安全的项目都必须被坚决拒绝。另一方面，这并不意味着我们要放弃经济发展回到农耕社会。优先性的目的是"留得青山在，不怕没柴烧"，因为"绿水青山"可以带来源源不断的"金山银山"。生态环境保护与经济发展之间并不是简单的对立关系，相反，它们之间存在着相互促进、共同发展的可能性。在保护生态环境的前提下，通过转变发展方式、优化产业结构、提升技术水平等途径，实现经济的绿色发展和高质量增长，确保经济发展与生态环境保护之间的协调与平衡，是对未来发展方向的明确指引。

"转化性"特征蕴含着生态优势向经济优势的转化，体现了生态环境与经济发展之间的动态关系。随着社会发展和科技进步，"绿水青山"将发挥越来越多的潜在价值，一定条件下可以转化为金山银山。在保护生态环境的同时，要积极探索生态资源的经济效益，通过发展生态农业、生态旅游、绿色能源等产业，实现生态资源的增值。这种转化不仅能够促进经济发展，还能够提高人民的生活质量，实现经济发展与环境保护的双赢。在转化过程中，我们需要注意几个方面的问题：一是要遵循市场规律，确保转化的合理性和有效性；二是要注重科技创新和人才培养，提升转化的质量和效益；三是要加强政策引导和支持，为转化创造良好的外部环境和条件。

因此，"两山"理念的三大内涵——统一性、优先性和转化性，共同构成了这一重要理念的核心价值和实践路径。它们相互关联、相互促进，共同推动着中国经济社会的绿色发展和可持续发展。

在美丽上海建设实践中，深入理解和把握这三大内涵的精髓和要义，将其贯穿于经济社会发展的全过程和各方面，推动上海高品质生态环境、人居环境建设及经济社会高质量发展。

第二章

美丽上海建设的政策分析

美丽上海建设是一个多维度、系统性的工程，旨在实现人与自然和谐共生及城市可持续发展。本章将梳理"美（丽）+"和"城市 +"概念范畴，建立美丽城市的概念模型，构建"时间—空间—关系"的美丽城市三维分析框架，对美丽上海建设的"全领域转型""全方位提升""全地域建设"以及"全社会行动"四个方面进行政策性解读，并提出美丽上海建设的规划路径。

一、美丽城市的基本概念与分析框架

城市是美丽中国建设实践的重要空间载体，人与自然和谐共生是美丽城市建设的基本遵循。2024 年 1 月 11 日发布的《中共中央、国务院关于全面推进美丽中国建设的意见（2023 年 12 月 27 日）》，不仅擘画了美丽中国建设的宏伟蓝图，而且从绿色低碳、环境优美、生态宜居、安全健康、智慧高效 5 个方面为美丽城市建设指明了方向。2025 年 1 月，生态环境部联合中央宣传部、国家发展改革委等 11 个部门联合印发《美丽城市建设实施方案》，进一步就"深入践行人民城市理念，建设绿色低碳、环境优美、生态宜居、安全健康、智慧高效的美丽城市"进行了规定，并制定了涵盖上述 5 个方面、包括 18 项目标要求的指标体系。

城市是人口最密集、社会经济活动最集中的区域，也是人地矛盾

最为突出、资源能源开发利用强度大、污染排放集中、生态环境问题集中的区域。所以，城市一直是生态环境保护和治理的重点。自"六五"时期（1981—1985年）起，环境保护工作从工业集中、人口聚集、"三废"问题突出的城市地区起步，以重点城市为抓手推动全国生态环境保护。党的十八大以来，我国以京津冀及周边、长三角、粤港澳大湾区、成渝城市群等为重点，全面加强城市生态环境保护治理，取得显著成效。在这一过程中，曾经出现过诸多类似于美丽城市的概念及生态建设试点示范创建项目。最早的大概可以追溯至20世纪80年代的全国文明城市（中央文明办）、卫生城市（全国爱卫会），90年代陆续出现的园林城市和生态园林城市（住房城乡建设部）、节水型城市（水利部），当下则屡见于政府部门文件、媒体、学术期刊、各类论坛，包括海绵城市、森林城市、湿地城市、公园城市、"无废"城市等。生态环境部（含原环境保护部、环境保护总局）推出的示范创建活动就有环保模范城市、生态示范区、生态省市县、生态文明（建设）示范区等。2013年，国家发展改革委、财政部、国土资源部、水利部、农业部、国家林业局6个部门推出"生态文明先行示范区"，水利部推出"水生态文明城市建设试点"，以及国家海洋局推出"海洋生态文明建设示范区"。[1]

　　这些示范创建项目（活动）分别由相关部门推进，在其主管的相应领域推进城市建设、提升城市品质方面发挥了一定的作用，在模式探索、制度创新等方面取得了一定成效。但是越来越多的示范创建活动，也让地方应接不暇，存在浪费社会资源的可能。而且各类试点示范可能还存在重复、交叉甚至混乱等问题。

---

[1] 毛惠萍、何璇、何佳、牛冬杰、包存宽：《生态示范创建回顾及生态文明建设模式初探》，《应用生态学报》2013年第4期。

　　人类社会实践，包括城市化或城市建设在内，都是价值性与规律性的统一。相对于环保模范城市、卫生城市、园林城市、"无废"城市以及公园城市等其他"城市+"的"部门性"和"专业性"色彩，包括美丽中国、美丽城市、美丽乡村、美好家园、美好生活和优美环境等在内的相关"美（丽）+"概念（范畴）和实践更侧重在"美"的价值性上。什么是美？这是美丽城市首先要回答的。"美"本身就有"爱美之心人皆有之"的普遍性与"情人眼里出西施"的差异性，"各美其美"的个性与"美美与共"的包容，"惊艳""靓丽"的外在美和"腹有诗书气自华""红心萝卜心里美"的内在美。

　　那么，在美丽城市中，"美丽"既包括自然风光的旖旎或是建筑外观的雅致的客观性，确保城市在物质层面上的宜居性、可持续性和高效性，又尊重美丽的差异性、蕴含美丽的包容性、呈现美丽的多样性，最终升华为一种人与自然和谐共生、社会经济与环境可持续发展高度融合的价值观，不仅保留和增强城市的自然美感，还要深化其文化内涵，提升居民的生活质量，构建一个人文关怀浓厚、生态环境优良、经济活力充沛的理想居住地。

　　因此，"美丽城市"概念并非对上述"城市+"概念的替代或简单发展，而是一种具有深远意义的跨越式升级，其核心在于顶层设计与地方实践的协同推进，是由国家意志引领的全民行动，强调构建一套全面而长效的发展机制，超越了以往零散性局部改进或单一部门优化的局限，旨在通过政府、市场、社会等多方主体的积极参与，形成共建共治共享的美丽城市持续发展格局。见图2-1。

　　城市因人的集聚而成为城市。人为什么要来到城市？"城市让生活更美好"。这一答案也成为2010年上海世博会的主题。当优美环境成为美好生活的重要方面、良好生态环境成为最普惠的民生福祉、生态产品

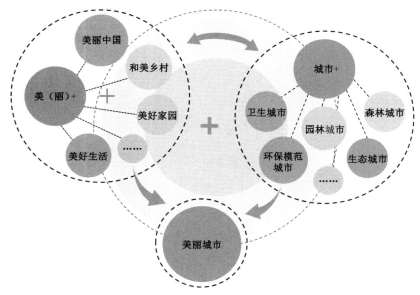

图 2-1　美丽城市的概念范畴

成为群众生活中的"日用品"之时，美丽城市和人民城市就有了内在的一致性。这样，美丽城市就不再仅仅是一个学术性概念，同时还是一个政治术语。这也是美丽城市不同于其他"城市 +"的根本所在。

在实践向度上或战略上，美丽中国就是"富强、民主、文明、和谐、美丽"的社会主义现代化强国目标之一，而且明确 2035 年美丽中国基本建成和 2050 年美丽中国目标实现。美丽中国建设对应着"五位一体"的总体布局中的生态文明建设，体现在"创新、协调、绿色、开放、共享"的新发展理念中的绿色低碳发展，落实于中国式现代化"五个鲜明特色"的人与自然和谐共生现代化进程中。无疑，城市是美丽中国建设的重要空间载体。没有其他哪个"城市 +"的概念被提到社会主义现代化强国目标的高度上，放置在中国式现代化的进程中。

美丽城市建设，不仅承载着人民群众对美好生活和优美环境的需要，而且是协调农业空间和生态空间以共同促进人与自然和谐共生的关键所在。人与自然和谐共生的美丽城市建设，遵循其规律性，包括人类社会发展规律及城市发展或城镇化规律、现代经济与科学技术发展规律，包括生态规律在内的自然规律等，并在此基础上加深理解、准确把握人与自然、人类社会与自然界的内在联系，人与人类社会、自然要素（生态要素）与自然系统（生态系统）的内在联系，以及经济社会发展与生态环境保护的关系等。

可以说，美丽城市实质上是对城市发展理念的一次深刻革新，"美丽"不仅是对城市外在形态的赞美，更是对城市内在品质与精神风貌的高度概括。美丽城市坚持以人民为中心的发展思想，将美学理念、人文关怀、生态智慧与社会经济发展深度融合，更关乎城市的可持续发展能力和居民的幸福指数，是新时代背景下城市发展理念与实践的创新探索，旨在塑造一个全面而多维度的城市发展新范式。

基于上述美丽城市的概念界定，结合景观生态学中系统的整体性、有机关联性和动态性等理论，从"时间—空间—关系"三个维度构建美丽城市政策分析框架，从历史传承与未来发展的时间维度、不同自然地理条件与区位位置的空间维度以及不同主体、各要素和相关领域相互协同协作的关系维度出发，深入剖析美丽城市建设的内在逻辑。[1]见图 2-2。

美丽城市建设的历史渊源和长期主义。在时间维度上，强调历史传承与未来发展的"双重"重要性，并坚持历史渊源和长期主义原则。在景观生态学中，生态系统不是静态的，而是与时间相关动态的。动态性是景观生态系统的一个固有属性，是系统保持相对静态的前提，也是系统得以生存的基本保证。具体而言，这种动态性体现在

---

[1]　包存宽、申沐曦、李红丽：《基于"时间—空间—关系"三个维度的美丽城市建设研究》，《生态经济》2025 年第 1 期。

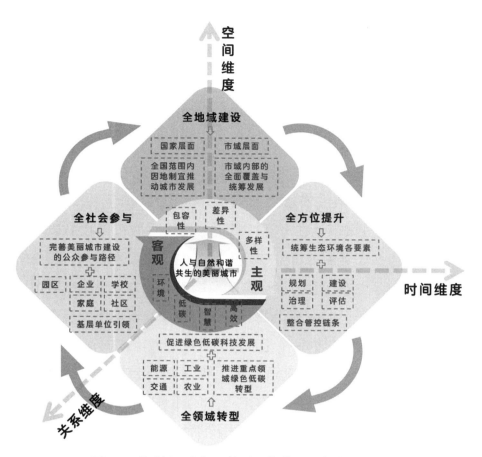

图 2-2 "时间—空间—关系"的美丽城市分析框架

两个层面[1]：一方面景观生态系统内部的结构及其构成要素（包括各要素的分布位置与数量）并非恒定不变，而是随着时间的推移而不断演化；另一方面整个系统的开放性、有机关联性强调了系统同外界物质、能量、信息的联系与交换，在系统中，这些交换过程可以呈现出一种相对的稳态，而这种稳态实际上是系统动态性的一种表现形式。

　　上海是我国较早注重城市生态问题并坚持进行生态建设实践的城市。上海的城市规划经历从《1959 年上海城市总体规划方案》

[1] 傅伯杰、陈利顶、马克明：《景观生态学原理及应用》，科学出版社 2011 年版，第 31 页。

《1986 年上海市城市总体规划方案》《2001 年上海市城市总体规划方案（1999—2020 年）》，到《上海市城市总体规划（2017—2035 年）》（以下简称"上海 2035"），首次提出"生态之城"的概念，提出建设卓越的全球城市的目标，将建设"生态之城"确立为城市发展的重要目标。2000 年以来，上海市坚持将生态环境保护放在城市经济社会发展全局的重要战略位置，建立了环境保护和建设综合协调推进机制，实施了八轮环保三年行动计划，分阶段解决工业化、城市化和现代化进程中的突出环境问题和城市环境管理中的薄弱环节，全市生态环境保护工作逐步实现了从末端污染治理到推进源头防控、绿色发展，从中心城区为主到城乡一体、区域联动，从还历史欠账到建设生态之城等重大转变，污染防治能力水平得到大幅提升，生态环境基础设施逐渐完善，环境质量得到大幅改善，群众的满意度、获得感稳步提升，城市环境安全进一步得到保障。美丽上海与生态之城等"城市 +"传承与发展、内在联系。改革开放 40 多年，上海在环境治理升级、生态环境优化、人民幸福感持续提升的过程中，走出了一条超大城市生态环境保护转型的道路。

美丽城市建设的空间格局。在空间维度上，坚持一盘棋思维，注重全市、各区及重点区域（如园区、社区等）的协调发展。景观生态学视角下，生态系统因其组分间的有机结合，诠释了"整体大于部分之和"的系统论精髓，同时展现出复杂多样性和多层次稳定性。在复杂系统中，子系统兼具独立性与从属性，存在自我肯定与超越的双重趋势。[1] 城市作为一个复杂系统，兼具地域性、区域性、全国性乃至全球性特征，这要求在制定美丽城市建设政策时，必须充分考量空间

---

[1]　傅伯杰、陈利顶、马克明：《景观生态学原理及应用》，科学出版社 2011 年版，第 27 页。

差异性与普遍性，一方面要突出空间功能要素的系统性和完整性，另一方面要始终坚持人民城市的价值导向，将人的需求置于空间功能转换与优化的核心地位，实现空间合力的最大化发挥，不断促进人与城市空间的和谐共生与良性互动。

黄浦江沿线 45 公里、苏州河两岸 42 公里岸线已相继贯通开放，"一江一河"滨水空间品质持续提升，规划、建设、发展、治理将更包容多元，颗粒度更细，更贴近人民的需求，不仅承载着人民美好生活的愿景，更成为讲述上海故事的生动载体。上海的城市更新与"五个新城"建设同步推进，既保留了城市的历史记忆，又注入了新的生机与活力，构筑起蓝绿交织的生态基底，打造产城融合、生态宜居的样板；崇明世界级生态岛建设如火如荼，依据《崇明世界级生态岛发展规划纲要（2021—2035 年）》，崇明正逐步成为绿色生态的"桥头堡"、绿色生产的"先行区"、绿色生活的"示范地"，向世界展示着国家生态文明名片的魅力。金山、嘉兴以"毗邻党建"为牵引，以"田园五镇"为载体，从产业联动、跨界治理、文化共融、共同富裕等方面，携手"精耕"长三角乡村振兴一体化发展"试验田"，让市民在大都市的喧嚣中也能寻找到心灵的宁静与自然的和谐。在空间维度上，美丽上海以人的需求为共同出发点，实施差异化的环境治理策略，实现不同空间单元不同价值取向的表达，综合推进上海空间布局优化与资源配置统筹。

美丽城市建设的制度协同与部门协作。在关系维度上，强调制度协同与多元主体协作的重要性。景观生态学强调系统诸因素之间的相互关联和相互作用，任何具有整体性的系统，内部诸因素之间的联系都是有机的，这种相互联系和相互作用使各因素共同构成系统，维系着系统的整体性。城市作为一个典型的符合有机关联性原则的开放系统，不仅其内部各要素间存在着有机联系，而且它们与外部环境之间也进行着物质、能量以及信息的交换，有相应的输出和输入以及量的增加和减少。正是这种"有机关联性"确保了城市生态系统的活力与稳定性，使其能够灵活适应外部环境的变化，并维持自身的动态平衡。

把美丽上海建设放在全市经济社会发展大局中思考谋划，统筹产业结构调整、污染治理、生态保护和应对气候变化，协同推进降碳、减污、扩绿、增长，以高品质生态环境支撑高质量发展，加快建设人与自然和谐共生的美丽家园。通过建立跨部门、跨领域合作机制，共同推进经济高质量发展、生态环境高水平保护，构建超大城市现代环境治理体系；通过"一网通办"和"一网统管"，实现了政务服务的优化和城市管理的精细化，打造共建共治共享的社区生活共同体。

美丽上海建设，不仅坚持协调人与自然的关系、发展与保护的关系、资源与环境生态的关系，还在时间、空间上进行充分协调与合理安排。这些关系复杂且相互交织，通过合理的制度协同和多元主体协作，统筹产业结构调整、污染治理、生态保护和应对气候变化，协同推进降碳、减污、扩绿、增长，加快建设人与自然和谐共生的美丽家园。

二、美丽上海建设的政策解读

2024年5月9日，上海发布了《关于全面推进美丽上海　建设打造人与自然和谐共生的社会主义现代化国际大都市的实施意见》（以下简称《意见》）。《意见》按照美丽中国建设的战略部署，明确了"全领域转型""全方位提升""全地域建设"以及"全社会行动"四大关键任务。基于前述的分析框架，对美丽上海建设的四个关键任务进行深入的政策解析。

全领域转型。美丽上海建设从"全领域转型"着眼谋划。在时间维度上，通过实施综合策略逐步构建绿色、低碳、循环、可持续的城市发展模式，实现美丽城市的全面建设与长远发展；在空间维度上，从"重点领域"统筹推进，引领经济社会发展绿色低碳转型；在关系维度上，形成生态环境数字化协同治理体系，实现降碳、治污、增绿协同推进。

第一，全面推动城市规划、产业发展、能源利用、交通运输、建筑设计等的绿色低碳转型，大力推广节能减排、循环利用等绿色技术，实现经济社会发展与环境保护的双赢。

（1）在能源领域，优化能源结构，构建以非化石能源为主体的新型能源体系。坚持先立后破原则，控制煤炭消费，提高清洁能源的比重，大力发展风电、光伏等可再生能源，积极推进氢能、生物质能等新能源的研发和应用，推动奉贤、南汇、金山三大海域风电开发，探索氢能、海洋新能源利用；夯实能源基础设施和加强能源产供储销体系建设，优化能源生产、供应、运输、储备和销售的各个环节，提高能源系统的灵活性和抗风险能力，确保能源的安全可靠供应，推动能源的清洁高效利用，满足经济社会发展的需求。同时，拓宽外来清洁能源通道，布局市外风电、光伏基地，推动行业余热利用。

（2）在工业领域，推动传统产业绿色低碳改造升级。严格限制高能耗、高排放、低效能项目的无序发展，对钢铁、有色金属、石化、化工等高耗能、高排放行业进行产业结构调整，更新节能低碳和清洁生产技术装备，升级工艺流程，以提高资源利用效率，减少环境污染；实施"工业互联网＋绿色制造"新模式，加快发展战略性新兴产业，积极培育绿色低碳产业，促进轻型化生产、低噪声作业及环保导向型企业集聚，如节能环保产业、新能源汽车产业等，提高绿色低碳产业在经济总量中的比重[1]，打造绿色低碳产业高地；通过财政补贴、税收优惠、绿色信贷等措施，激励企业进行绿色技术的研发和应用，建立健全绿色标准体系，引导企业向绿色、低碳、环保方向转型。

（3）在交通运输领域，构建绿色高效交通运输体系。优化交通运输结构，大力推进"公转铁""公转水"策略，提高铁路、水路等绿色运输方式的比重，降低公路运输的空载率和不合理客货运周转量，强化铁路进港及联运节点功能，并建设多式联运中心；对铁路场站、机场、港口、物流园区等进行绿色化改造，鼓励公共及私人乘用车电动化，加快充电、电网、加注站等基础设施建设；推广绿色低碳交通工具，大力发展新能源汽车，以电代油，减少交通运输带来的温室气体排放；加快老旧内燃机车的淘汰，推动超低和近零排放车辆的规模化应用，目标至 2027 年，个人新增纯电动汽车占比超 50%；至 2035 年，上海港集装箱水水中转比例达 55% 以上；加强绿色基础设施建设，推广新能源、智能化、数字化、轻量化交通装备，并提供政策支持，如税收优惠、补贴等，以激励公众和企业采用更环保的交通方式。[2]

（4）在农业领域，发挥其绿色低碳的生态功能。目标至 2035 年，美丽乡村将基本建成。打造生态美丽乡村，以乡村振兴为引领，强化农业农村污染治理，展现乡村多元价值，成为上海国际化大都市的亮点。城市农业不仅是粮食和农产品生产，更是连接市民与自然、传承本土文化的重要桥梁，它融入了教育体验、生态保护与多元生态服务

---

[1] 王晓峰、朱梦娜、张欣蓉等：《基于"源地—阻力—廊道"的三江源区生态安全格局构建》，《生态学报》2024 年第 11 期。

[2] 王立萍：《国土空间规划下县级新型城镇化建设研究》，《新型城镇化》2024 年第 4 期。

等多重价值，通过种植本地作物、传承农耕文化，让市民亲身体验大自然，学习农耕知识，丰富精神世界，促进文化传承，优化乡村规划，发展生态农业、旅游及自然体验产业。同时，推广生态农业、有机耕作等绿色低碳技术，减少化肥农药使用，保护生物多样性，提升土壤质量，加强农业面源污染防治，推广减量增效技术，资源化利用农业废弃物，治理水产养殖尾水，完善监测体系，为城市提供清新空气、洁净水源和宜人景观。这不仅是生产方式变革，更是文化与生态革命，推动农业与城市和谐共生。

第二，积极推动绿色科技创新，加速数字化转型，利用先进科技手段提升环境治理效能，实现精准施策与高效管理。

一方面，积极推动绿色科技创新，增强美丽上海建设的内生动力、创新活力。增加绿色科技研发和应用方面的投入，推进绿色低碳科技发展，创新生态环境科技体制，构建市场导向的创新体系，推动绿色技术创新和成果转化，提高能源利用效率、降低污染物排放、推动产业绿色升级。构建一系列生态环境领域的创新平台，强化科研基础设施，共建绿色低碳产业创新中心，增加高效环保技术装备供给。依托在沪高校和研究机构，加强学科建设，培育高水平生态环境人才，打造高素质的绿色科技人才队伍梯队。[1]以此应对多污染物协同减排、新污染物治理、气候变化、生物多样性保护、无废城市建设等方面关键性环境挑战。

另一方面，加速数字化转型步伐，提升环境治理效能。促进绿色生态与智慧技术的深度融合，打造智慧城市数字化管理平台，强化数据资源整合与共享机制，促进数据深度挖掘与应用创新，拓展生态环

---

[1] 杨青、吴向荣、刘洋等：《国家中心城市交通碳排放效率的空间网络结构及动因研究》，《环境工程技术学报》2024 年第 4 期。

境"一网统管"城市智慧运行数字化应用场景，实现数字化绿色生态治理新模式。充分利用人工智能、区块链、云计算、大模型等先进技术，推进生态环境信息化工程，加速建设现代化的生态环境监测网络，完善感知网络及天空地海一体化监测，实施生态环境质量的全方位监督，推动生态环境监测卫星技术的研发与应用，提升预测预报水平，确保降碳、治污、增绿三项任务监测无死角、全覆盖，提升生态环境质量预测预报的精准度与及时性，拓展"一网统管"应用，完善智慧监管和协同治理，推行非现场执法，加快形成智慧执法体系。

全方位提升。美丽上海建设致力于实现"全方位提升"，在时间维度上，构建长期的美丽传导机制，持续推动城市品质的提升；在空间维度上，统筹生态环境要素，加强生态保护与修复措施的实施力度；在关系维度上，全面提升城市规划的科学性、建设的可持续性、治理的精细化以及评估的客观性与准确性，更好地推动人类—城市和谐发展的社会体系。

第一，全方位统筹生态环境各要素的协同治理，坚定生态环境质量会根本好转的决心，综合考虑并有效整合城市的生态环境各要素，全面筑牢生态安全防线。

（1）推动生态环境质量根本好转。持续深入打好蓝天、碧水、净土保卫战及推进海域综合治理和固体废物与新污染物治理。在蓝天保卫战中，重点行业超低排放改造，清洁能源替代加速，VOCs综合治理深化，利用科技手段提升扬尘管理水平，加强区域联防联控；碧水保卫战则统筹水资源、环境、生态治理，保障饮用水安全，全面排查整治排污口，推行污水治理与排放绩效分级；净土保卫战强化风险管控，开展土壤污染源头防控，保障耕地和建设用地安全；在海域综合治理方面，突出陆海统筹，推进长江口—杭州湾海域综合治理，分阶段推进海岸线和生态保护修复；加强固体废物与新污染物治理，遏制新污染物环境风险，推动"无废城市"建设，让蓝天白云、清水绿岸、良田沃土成为常态，实现美丽蓝天、美丽河湖、美丽海湾、美丽山川各要素美丽城市建设目标，构建协调发展的美好环境。

（2）加强生态修复工程。持续构建自然保护地分类体系，稳固生态安全屏障、推进重点生态功能区与廊道建设，实施监测评价预警工程，加强监管与修复成效评估，确保生态保护的真实有效生态系统格局更加稳定。实施山水林田湖草沙一体化保护治理战略，促进生态系统休养生息和良性循环。加强生物多样性保护，通过完善保护机制、实施重大工程、建立保护网络等措施，全面保护野生动植物及其栖息地，并持续开展栖息地修复和规范化建设，实施长江十年禁渔，抢救性保护珍稀濒危水生生物。

（3）全面筑牢生态安全防线。贯彻总体国家安全观，完善协调机制与法规标准等体系，提升生态安全风险应对能力。强化跨部门协作，完善法治、战略、政策与管理体系，提升风险研判、预警及应急能力，构建全方位、高效能的生态安全防护网。[1]确保核与辐射安全，强化统筹协调与监管能力，实现高风险移动放射源在线监控全覆盖，并加强海洋与电磁辐射环境管理。面对气候变化挑战，坚持减缓和适应双轮驱动，推进气候适应型城市建设。严密防控环境风险，实施常态化管理，完善应急体制与责任体系，强化重点领域与区域风险排查，提升信息化指挥水平，确保突发环境事件得到及时科学处置。

第二，全过程提升城市规划、建设、治理与评估水平。这四个环节相互依存、相互促进，共同构成了美丽上海发展的完整链条。

---

[1] 阚恒、丁冠乔、郭杰等：《基于生态安全格局分析的国土空间生态修复关键区域识别：以环太湖城市群为例》，《应用生态学报》2024年第8期。

（1）贯彻城市规划方针。在规划编制过程中，秉持"人民城市"重要理念，以构建符合时代要求的美丽城市为目标牵引，紧密贴合现实挑战与需求，有效指导公共资源的优化配置，确保规划蓝图能够一以贯之，稳步实现。完善体制机制，强化美丽上海建设的法治保障，推进生态环境、资源能源等领域法规的修订，并在浦东新区先行构建绿色法规体系。在顶层设计上，将美丽城市纳入城市发展规划体系中去，与现行的国土空间规划体系紧密衔接，确保规划的一致性与协调性[1]。战略性规划体现其整体设计思路，确保城市发展的长远目标与美学追求相契合。分区规划则针对城市不同区域的特定条件与需求，制定差异化的空间布局与实施方案，在整体设计框架下，通过空间任务的精准分配，展现各区域独特的美丽内涵。

（2）优化城市建设策略。城市建设是将规划蓝图变为现实的关键步骤，将保护城市生态环境摆在突出位置，通过优化产业空间布局、促进职住均衡发展、打造便民利民生活圈、积极开展智能城市建设、践行绿色低碳发展理念以及强化生态空间保护等措施，推动城市实现可持续发展和高质量发展目标。大力发展绿色金融，创新金融产品，支持开展碳回购、碳质押等创新业务，以推进美丽上海建设。实施因地制宜的本土化建设策略，紧密结合城市的经济发展水平、自然资源环境的动态变化、居民对美的独特感知能力、深厚的历史发展记忆以及独特的民俗景观特征等地域性要素，增强城市的美学价值，提升居民的环境满意度和情感归属感。

（3）完善城市治理体系。城市治理是确保美丽上海建设有序运行和持续发展的关键，将生态文明制度体系深度融入生态环境治理现代

----

［1］　徐素、赵民：《从"反磁力中心"到"区域节点城市"：论新时代大城市新城建设的功能迭代与规划策略》，《城市规划》2024 年第 9 期。

化的基本框架中，确保制度优势能够成为推动治理效能提升的内生动力。[1] 在政策供给方面，上海健全资源环境要素市场化配置体系，落实相关税收优惠政策，完善高耗能行业阶梯电价和收费机制，强化财政支持，并健全生态产品价值实现机制和生态保护修复多元化投入机制。优化并强化自治、法治与德治三者相融合的城市环境治理体系，在提升城市生态环境治理效能的同时为全球生态环境治理现代化贡献上海智慧与上海方案。推进智能化管理，通过数据资源的深度挖掘与广泛应用，打破数据孤岛，构建起生态信息智库，从而成为驱动生态环境治理现代化的新引擎与新路径。此外，加强社会共治形成政府引领、社会协同的良好治理格局，增强公众对环境治理的认同感与责任感，使"生态兴则文明兴"的理念深入人心，共同推动美丽上海建设迈上新台阶。

（4）构建科学评估机制。首先，拓展评估目的。传统的评估往往侧重于工具理性，强调通过量化指标来衡量城市发展，然而随着对城市可持续发展和居民幸福感需求的日益重视，评估的视野需要从单纯的工具理性扩展到价值理性，全面审视城市发展的综合效益，不仅关注"做了什么"，更关注"为什么做"以及"做得是否值得"。其次，整合评估手段。多样化的评估与政策工具被广泛应用于此领域，有效地整合与协调这些评估机制，确保其在美丽上海建设的全周期中持续发挥作用。同时，持续应用 PCDA 循环（计划—执行—检查—行动），让评估成为贯穿城市规划、建设、治理及评估整个过程的一个持续活动，不断地发现问题、解决问题，促进相关规划的科学性编制与高效执行。并加强生态环境公益诉讼和行政执法与司法协同合作，使生态

---

[1] 万军、路路、张晓婧等：《美丽中国建设地方实践评估与展望》，《中国环境管理》2022年第 6 期。

环境标准与产业政策衔接，完善环评管理体系，健全固定污染源执法监管制度，并推行企业环保信用评价和环境信息披露制度，加速城市治理与环境管理现代化进程，构建起更为科学、合理且高效的制度协同框架。[1]

全地域建设。美丽上海坚持"全地域建设"，在时间维度上，考虑城镇化发展水平，深入分析城市现状与潜力，兼顾城市更新与新城建设；在空间维度上，推进上海内部的全面覆盖与统筹发展，实现城区、郊区、乡村的统筹发展，以及生产空间、生活空间与生态空间之间的和谐共生与优化配置；在关系维度上，注重协同规划、协同治理和协同发展，共同打造具有区域特色的美丽城市群，共同绘就美丽中国的宏伟蓝图。

第一，持续推进公园城市建设。公园作为城市空间的重要构成部分，不仅承载着提供公共服务、满足人民群众对优美环境需求的重任，更是提升城市品质、塑造城市形象的关键要素。美丽上海坚持"以人民为中心"的发展思想，大力推进高品质的各类公园建设，包括街区公园、口袋公园、城市公园以及郊野公园等，注重公园的规划与设计，确保其既符合生态环保的原则，又能满足人民群众对生态空间、美丽城市的向往与追求，提升城市的整体品质与形象。深入推进公园城市建设，以环城生态公园带和"千园工程"提升城乡生态环境，构建"1 + 5"环城生态公园带体系，推进"公园 +"与"+ 公园"融合，满足市民多元需求。

第二，并重城市更新与新城建设。城市更新针对已建成区域，通过改造活化老旧小区、工业遗址、商业区等，优化空间布局，改善居

---

［1］ 张静：《新时代生态环境治理体系视域下的共建共治共享研究》，《西南大学学报》（社会科学版）2023 年第 6 期。

民生活质量，保护历史文化传承，促进经济结构转型升级。[1]上海城市更新着力强化城市功能，以区域更新为重点，分层、分类、分区域、系统化推进城市更新，更好地推动城市现代化建设。而新城建设则聚焦于城市外围区域的全新开发，打造具有现代服务功能、良好生态环境和高效交通系统的新城区。上海新城建设超越传统扩张模式，实现功能迭代，分担中心城区核心功能，成为区域城镇网络的重要组成部分。强化功能引领，全面提升新城城市综合竞争力，以"上海2035总体规划"为引领，着眼于谋划超大城市整体战略布局和城乡空间新格局，按照独立的综合性节点城市定位，统筹新城发展的经济需要、生活需要、生态需要、安全需要，形成多中心、多层级、多节点的网络型城市群结构的重要战略空间，促进城市经济、社会和环境的协调发展。

第三，实现生产空间、生活空间与生态空间之间的和谐共生与优化配置。生产空间集约利用，通过优化产业结构，发展高附加值、低资源消耗产业，采用先进技术与管理方法，提高生产效率，形成产业集聚与升级，转向集约型发展模式。生活空间宜居适度，均衡布局住宅、商业、教育、医疗等公共服务设施，打造人性化、多样化生活环境，提高居民幸福感和满意度，增强城市吸引力与凝聚力。生态空间坚持生态优先原则，通过绿化、生态廊道建设、湿地保护等措施，维护生态平衡，加强生态环境保护和修复，提高生态服务功能，打造山清水秀、鸟语花香的生态环境。通过全面覆盖与统筹发展，推动上海向更加宜居、宜业、宜游的方向迈进。

第四，持续推进与其他地区生态环境合作。加强生态环境共保联

---

[1] 包存宽、夏甘霖：《"五个新城"建设进入全面发力期，立好这个"规矩"至关重要》，上观新闻，2022年7月10日。

治，共建美丽中国先行区，共建绿色美丽长三角，发挥上海的龙头引领作用。通过区域生态环境分区管控、生态保护红线衔接、生物多样性保护合作等措施，推进生态屏障和生态廊道保护。加强污染协同应对，深化船舶港口污染防治，推进跨界水体共治及固体废物联防联治，加快数据共享、应急联动和联合执法，构建绿色产业体系和新型能源体系，推动排污权交易和碳普惠机制。支持生态导向的开发项目，建立生态补偿机制，深化与长江经济带省市交流，共抓长江保护，携手沿海省市及合作地区做好环保工作。坚持"人类命运共同体"理念，积极参与全球生态环境治理和规则制定，开展国际交流合作。

第五，构建定位明晰、各具特色的空间格局。严格生态空间用途管控，优化农业、生态、城镇布局，严守生态保护红线、耕地面积和城镇开发边界。加强河湖水域岸线和海洋海岸带管控，确保资源节约集约利用。加强全域生态环境分区管控，落实"三线一单"制度，完善生态环境准入清单，推动数据共享，提升中心城区生态环境品质，推进乡村振兴和农村人居环境建设，打造现代化城市治理体系和创新发展标杆。构建"五个新城"低碳运行新模式，深化宝山、金山"南北转型"，高标准推进崇明世界级生态岛建设，高水平建设长三角生态绿色一体化发展示范区，打造各具特色的生态空间格局，引领全国、影响全球的生态文明建设。

全社会参与。在推进美丽上海建设的进程中，持续深化"全社会参与"机制，在时间维度上，逐步将建设美丽上海的愿景深植于全体市民心中，促使之转化为社会成员的自发行为；在空间维度上，在园区、企业、社区、学校等基层单位广泛实施引领行动，建设公众参与机制；在关系维度上，培育政府部门、企业、社会组织以及公民等各个协同主体共建共治格局，切实贯彻"人民城市"重要理念，构建人人参与、成果共享的和谐社会。

第一，完善美丽上海建设的公众参与路径。强化立法保障，通过健全相关法律法规，明确公民环境权（知情权、参与权、诉讼权）及政府生态环境责任监督机制，细化公众参与的具体渠道、方式和步骤，并放宽环境公益诉讼主体资格，确保公众能有效参与并维护自身环境权益。政府积极利用网络平台公开环境信息，增强透明度，保障公民知情权，解决碎片化问题，实现城市管理问题的快速识别与智能分析，结合线上线下协同机制，提升问题响应效率。促进公众对政府环境行为的监督，特别是在重大建设项目决策前，充分征求公众意见，精准把握公众需求，确保政策制定与项目实施充分吸纳民意。

第二，引领基层单位行动，建设公众参与机制。以园区、企业、社区、学校及家庭等基层单位为重要载体，引领绿色、清洁、零碳的生活与生产模式。园区开展丰富的减污降碳宣传教育活动，传播绿色理念，如政策法规宣讲、技术培训、志愿服务及案例征集等，搭建互动平台，激发企业内生动力。企业主动承担环境社会责任，公开绿色低碳发展信息，接受社会监督，通过开放环保设施、设立开放日、建设教育体验场所等，增强公众环保意识。社区鼓励组建生态环境志愿服务队伍，依托基层阵地和群团组织，开展节水节电、垃圾分类等志愿服务，完善培训与交流机制，促进志愿服务项目化发展。学校作为生态文明教育的重要阵地，将习近平生态文明思想融入教育教学，实施系列青少年生态文明行动计划，利用各类基地丰富学生课外实践活动。家庭作为社会的基本单元，通过寻找"最美家庭"、建设"美丽庭院"等活动，倡导绿色生活方式，营造崇尚生态文明的良好家庭氛围。

第三，加强组织领导。完善市负总责、区抓落实机制，充分发挥市生态文明建设领导小组的统筹协调作用，健全覆盖全面、权责一致的责任制度，落实"党政同责、一岗双责"，加强立法、监督与协商，为美丽上海建设提供坚实的法治保障和民主监督。压实责任，为了推动美丽上海建设的深入实施，领导小组办公室会同有关部门制定了三年行动计划及分领域行动方案，将各项任务项目化、清单化、责任化，确保各项措施能够落到实处。加强宣传推广工作。不断加大对习近平生态文明思想的研习宣传力度，并深化其实践应用，借助全国生态日、环境日等重要契机，广泛且多样化地开展宣传教育实践活动。倡导具备良好基础条件的区域、街道、乡镇以及园区、企业、社区、学校、村庄等积极寻求创新路径，提炼并分享成功经验，以期发挥先进典型的引领与示范作用。

三、美丽上海建设的规划分析

规划是发展的龙头，是从理念到行动、从理论到实践的桥梁。我国具有长期规划的传统和战略规划的定力，以各类规划引领经济社会发展，是党治国理政的重要方式，是中国国家治理的制度优势之一。不同行政层级、不同类型的规划的纵向传递和横向协调，是国家决策高效执行的有力保障。

2018 年 11 月 18 日，中共中央、国务院印发《关于统一规划体系　更好发挥国家发展规划战略导向作用的意见》，为"建立以国家发展规划为统领，以空间规划为基础，以专项规划、区域规划为支撑，由国家、省、市县各级规划共同组成，定位准确、边界清晰、功能互补、统一衔接的国家规划体系"进行了顶层设计。上海将美丽上海建设全面纳入规划体系，在全市经济社会发展大局中思考谋划美丽上海，统筹产业结构调整、污染治理、生态保护和应对气候变化，协同推进降碳、减污、扩绿、增长，打造人与自然和谐共生的社会主义现代化国际大都市。

将美丽上海建设全面纳入规划体系。以发展规划作为全面推进美丽上海建设的"载体"和"龙头"。一方面，编制市级发展规划，阐明美丽上海建设的目标、战略部署和具体安排，引导公共资源配置方向，规范市场主体行为，保证美丽上海建设的连续性稳定性；另一方面，通过发展规划，将美丽上海建设的相关要求，为上海市区两级及其他各类规划、重点开发和重点保护区域相关规划编制与实施提供基本遵循，推动能源结构、产业结构、生产方式、生活方式的绿色化、低碳化，以形成全面建设美丽上海的规划合力。

通过国土空间规划"画好"美丽上海"蓝图"。编制与实施好上海市国土空间规划，坚持集约节约、保护优先、自然恢复的发展理念，优化国土空间开发格局及其"三个空间"与"三条红线"，为城镇增长、产业发展、资源开发、生态环境保护等活动立好规矩、画好红线底线，倒逼经济社会发展的全面绿色转型，促进生产空间集约高效、生活空间宜居适度、生态空间山清水秀。

要在包括生态环境规划在内各类专项规划中突出美丽上海建设相关内容。首先，将美丽上海建设的基本要求，针对性地纳入能源、交通、工业等重点领域或部门规划编制、实施、治理、评估的全过程；其次，编制区级"美丽＋"的实施方案或实施意见，并纳入区级的发展规划、国土空间规划及重点领域规划；最后，进一步完善市区两级生态环境规划，根据上海及各区的自然生态特点和社会发展状况以及资源利用、生态修复、污染治理的要求，锚定美丽上海和各区"美丽＋"的建设目标，立足全局加以考量，统筹协调好未来市区两级政府及相关部门持续改善生态环境和人居环境的长期战略、中期规划和近期行动计划。

形成全面推进美丽上海建设的规划合力。美丽上海建设涉及面广、综合性强，既要通过强化规划体系的有序衔接，发挥好发展规划的统领作用、空间规划的基础作用、专项规划和区域规划的支撑作用，保障美丽中国建设的战略目标和基本原则从市级到区级、从总体性规划到专项规划自上而下传递细化，并通过规划协同，形成全面推进美丽上海建设、打造人与自然和谐共生现代化大都市的强大合力。

建立涵盖规划编制、实施、监督、考核全过程的健全评价体系，通过弹性指导和刚性约束"双管齐下"的方式，充分发挥规划塑造发展、规制发展、推动发展的强大作用。在规划编制阶段，要对规划实施可能造成的生态环境影响进行系统全面的分析、预测和评价，并提出改进的方案建议，从源头上预防社会经济活动带来的生态环境问题。在规划实施阶段，以中期评价、年度考核等为手段，动态监督跟进规划执行情况，将"三线一单""减污降碳"等约束性指标完成情况纳入区级和市级相关部门综合评价和绩效考核，确保规划目标落实到位；在规划验收阶段，通过规划后评估对整体实施效果进行总结性评价，为新一轮规划编制提供宝贵经验和重要依据。

在规划全过程要坚持走群众路线。人民性是马克思主义的基本立场、本质属性和最鲜明的品格。城市属于人民、城市发展为了人民、城市治理依靠人民，这是新时代中国谋划城市发展和开展城市管理的立场观点方法。全面建设美丽上海，须以人民城市重要理念为价值遵循，始终将人民群众包括优美生态环境、适宜人居环境在内的美好生活需要作为出发点和落脚点，坚持人民主体地位，充分体现人民意志、保障人民权益、激发人民创造活力，依靠人民群众智慧、力量和自觉行为，打造人与自然和谐共生的社会主义现代化国际大都市。

　　一方面，建设美丽上海是为了满足人民群众对优美环境的需要。良好生态环境是最普惠的民生福祉。全面推进美丽上海建设，坚持生态惠民、生态利民、生态为民，把最好的资源留给人民，以更优的供给服务人民，并及时充分回应广大人民群众日益增长的优美生态环境需要，持续全面改善生态环境和城乡人居环境，提供更多优质生态产品，不断满足人民群众对良好生态环境的新期待，不断增强人民群众的获得感、幸福感、安全感，让美丽上海建设成果更多更公平惠及广大人民群众。另一方面，把建设美丽上海转化为人民群众的自觉行动。聚焦垃圾分类、"光盘行动"等"关键小事"，培育弘扬生态文化，广泛动员群众参与，增强市民节约意识、环保意识，倡导简约适度、绿色低碳、文明健康的生活方式和消费模式。鼓励园区、企业、社区、学校等基层单位开展绿色、清洁、零碳引领行动，把建设美丽上海转化为全社会的行为自觉，汇聚起美丽上海建设的强大合力和持续动力。[1]

　　2025 年是"十四五"规划收官之年，也是"十五五"规划谋划之年。上海在 2024 年下半年就启动"十五五"规划前期研究，美丽上海无疑是"十五五"规划中的重点和亮点。《美丽上海建设三年行动计划（2024—2026 年）》于 2024 年 9 月正式发布。

　　全面推进美丽上海建设，要牢固树立人与自然和谐共生的理念，坚决走生产发展、生活富裕、生态良好的文明发展道路，不断开创美丽上海建设新局面，努力打造美丽中国上海样本，生动演绎人与自然和谐共生的社会主义现代化国际大都市的上海实践，为全球超大城市可持续发展贡献上海方案。

---

[1] 兰岚、包存宽：《垃圾强制分类，为啥这些单位要带头》，《解放日报》2017 年 12 月 19 日。

第三章

美丽上海建设的空间格局

2019 年 11 月，习近平总书记在上海杨浦滨江考察时首次提出"人民城市人民建，人民城市为人民"的重要理念，强调"无论是城市规划还是城市建设，无论是新城区建设还是老城区改造，都要坚持以人民为中心，聚焦人民群众的需求，合理安排生产、生活、生态空间"，"努力创造宜业、宜居、宜乐、宜游的良好环境"。

城市让生活更美好，而公共空间无疑是人民群众美好生活和优美环境、优质生态产品的载体。围绕城市更新，上海陆续开展"五违四必"综合整治运动、"一江一河""公园城市""十五分钟生活圈"等一系列精细化治理举措，挖掘城市记忆，结合城市更新和旧区改造，因地制宜推进各类城市生态空间建设和提升，创造更多融入生物保护功能的复合生境，构筑"五个新城"蓝绿交织的生态基底，打造成"最现代""最生态""最便利""最具活力""最具特色"的独立综合性节点城市，以美丽上海为目标打造城市更新的高引领样板。

一、中心城区：城市"更新"，上海"更美"

数十年城市化进程所积累的"城市病"，不仅影响城市品质的提升，而且成为影响满足人民群众美好生活需要的制约。进入新时代以来，人民群众对优美环境、健康生活、文体休闲等多元化的美好生活需求日益提高。城市更新，一头连着民生，一头连着发展；既是事关全局和长远的大事，也是事关群众切身利益的好事。上海的城市更新，应坚持以人民为中心，以美丽上海为目标导向，通过优化重塑空间结构与功能、持续改善生态环境质量、全面提高人居环境品质、提升公共基础设施和公共服务水平、保护历史文脉和塑造特色风貌等，对已有城市空间进行可持续的建设改造。

城市的核心是人，人民群众对美好生活的向往就是包括城市更新在内的一切城市发展和城市治理研究与实践活动的价值遵循。长期以来，上海坚持以人民为中心的城市更新，一方面，以人民利益为根本，以人民需求为导向，一切围绕人民群众根本利益，着眼于增进人民福祉、促进人的全面发展，将人民对美好生活的向往和共享发展成果作为城市更新的出发点和落脚点，回应市民关切，重视人的感受，不断提升人民群众的获得感、幸福感和安全感，让人民群众在城市生活得更方便、更舒心、更美好；另一方面，依靠人民群众的力量，尊重人民群众在城市更新中的知情权、表达权，鼓励人民群众广泛参与城市更新，让绿色出行、节水节电、"光盘行动"、垃圾分类等成为城市居民生活习惯，汇聚高质量城市更新、共同建设美好家园的人民力量。

截至 2024 年 8 月底，上海已完成零星旧改 6.7 万平方米、2149 户，户数占比为全年目标任务的 54%；完成旧住房改造 21.17 万平方米，实现全年目标任务的 68%；认定城中村改造 8 个，占原计划的 80%，2025 年目标进一步提高至认定 21 个城中村改造。

上海在城市更新中，坚持以美丽上海、美好生活为目标引领，打造高品质的公共空间，实现绿色低碳发展并确保生态安全，实现人与自然和谐共生现代化。

首先，以生态环境改善提升人居环境品质。生态环境和人居环境是人民群众美好生活的基础前提和重要内容。通过城市更新，不仅要改善居住条件以增进民生福祉，还要通过生态环境的持续改善、增加公共绿地，不断提升人居环境质量，并倡导绿色家庭、绿色社区建设，推动社区、住宅绿色化、低碳化、适宜化改造，鼓励绿色出行。静安区昌平路，茂密的栾树成荫，林下绿道隔开了车水马龙的喧嚣，水景公园、口袋花园、儿童乐园等小微公共空间见缝插针。按照规划，2公里的昌平路将嵌入10个口袋公园，更新后的昌平路将成为上海首个口袋公园带，一条让居民愿意驻足停留的"小而美"马路。

其次，以功能优化提升安全韧性。一方面，城市更新就是通过生态修复与城市修补重塑老城区公共空间。要以城市更新促进功能更新，打造"生产空间高效集约、生活空间安全舒适、生态空间优美和谐"的高品质公共空间。另一方面，守住城市安全底线，就是守住人民群众"稳稳的"美好生活。城市更新中，要加快补齐城市社区各类设施短板，完善基础设施，增强应对自然灾害的能力，提升公共服务设施和公共服务水平，增强城市韧性，系统提高城市应对风险能力。

再次，以绿色低碳引领产业升级。城市更新中，坚持集约型、内涵式、绿色低碳发展，促进空间利用向集约紧凑、功能复合、低碳高效转变，推动存量工业用地转型升级、创新发展，推动产业园区提质增效；推动存量工业提质增效、产业升级，培育新兴产业发展优势，通过推广高效设备、降低能源消耗等举措，减少碳排放；盘活存量资源，焕发商业商务区崭新活力，营造布局合理、结构灵活、功能多元的新业态环境，辐射带动周边区域。

最后，以历史风貌传承城市文化。城市更新中，既要加强保护传承历史风貌，又要促进历史文化遗产活化利用；既要保留城市历史文化记忆，又要赋予"老"建筑以"新"生机；既要延续城市文脉，又要为城市发展注入新的活力；既能让人们"记得住乡愁"，又能体会到"烟火气"。

城市更新是一项综合性、系统性的复杂工程。传统的碎片化改造已不再适应高质量的新型城镇化新形势和人民群众对包括优美环境在内的美好生活需要。上海的城市更新以系统谋划、整体推进为先导，并形成了城市更新长效机制。

规划是从理念到行动、从理论到实践的桥梁，是城市发展的龙头。编制规划，以人民城市为价值遵循，以美丽城市为目标引领，充分响应现实问题，阐明城市更新的目标、战略部署和具体安排，引导公共资源配置方向，规范市场主体行为，保证城市更新的连续性稳定性，确保一张蓝图绘到底。上海市国民经济与社会经济发展的"十四五"规划与2035远景规划目标，着力强化城市功能，分层、分类、分区域、系统化推进城市更新，更好推动城市现代化建设。

生态环境治理是国家治理现代化的重要方面。城市更新中，应建立市区各级党委的统一领导、政府组织实施、企业主体责任、群众积极参与，自治、法治、德治相结合的城市环境治理体系，切实提高城市生态环境治理效能，推动环境基础设施提级扩能，促进环境公共服务能力与人口、经济规模相适应，推动形成建设美好人居环境的合力，实现优美生态环境和适宜人居环境的决策共谋、发展共建、建设共管、效果共评、成果共享，尤其应广泛发动组织人民群众参与城市更新与环境治理。制度建设是治理现代化的基础保障。2021年，《上海城市更新条例》通过，这是践行"人民城市"重要理念，在上海建成区内展开的持续改善城市空间形态与功能的重要举措。

各类评价评估是提高决策科学性和实施有效性的保障机制。城市更新，须因地制宜、分类施策、整体推进街道空间、绿色空间、滨水空间等的管控、重构与优化。现行的评价或评估政策工具类型很多，比如承载力评价、适宜性评价（即所谓的"双评价"），还有依据《中华人民共和国环境影响评价法》实施多年的规划环境影响评价，以及规划中期评估、城市体检评估、绩效评估等。城市更新中，协调并利用好各类评价评估，合理确定城市更新重点、划定城市更新单元，形成促进城市更新相关规划的科学编制与有效实施、推进城市治理与环境治理现代化更加科学、合理、有效的制度合力。

城市更新是未来城市发展的常态和核心任务。城市更新中的上海智慧可以总结为如下两点：

一是上海在城市更新中，坚持自上而下的规划引导与自下而上的更新需求相结合，坚持问题导向、试点先行、以点带面、项目化推进，积极探索城市更新的新模式、新路径、新机制。在"五违四必"专项整治工作中，由合庆村居民自下而上提出更新需求，由上海自上而下推动违规行为整治，以解决具体的城市脏乱问题为导向，通过三轮"违必"整治工作，以"重点示范带动区域整治，从区域整治经验总结打击重难点"的工作模式得到充分运用。上海市通过全面排查整治、重点区域整治、综合环境专项集中整治、长效管理机制等举措，实现了人居环境的显著改善。

二是上海在城市中更新中，注重文化生态的保护与延续，充分挖掘与保护地方文化特色。城市是一个有机的整体，有其独特的文化磁场与文化脉络。田子坊的更新过程，没有进行大规模的拆除重建，而是在保留原有建筑肌理和空间格局的基础上进行功能更新。原有的石库门建筑风格得以保留，内部空间被改造为创意工作室、特色小店和民宿等多种功能空间。这种有机更新尊重了城市的历史和文化脉络，使得传统建筑和现代功能有机结合，给街区注入新的活力，而不是简单替换掉老旧的部分。

图 3-1　更新后的田子坊

　　三是上海在城市更新中积极鼓励公众参与，以自下而上的居民需求为施政决策提供参考。在更新项目的规划阶段，通过多种方式征求居民意见，化解居民矛盾，如老旧小区更新的"美丽家园"项目中给老旧小区加装电梯、改善小区立面，居委会组织居民协商，让居民参与电梯安装位置、费用分摊等具体事务的讨论，让城市更新切实满足居民实际需求。在一些大型城市更新项目的实施过程中，也注重公众监督。上海苏州河两岸的贯通工程，在施工过程中接受市民的监督和建议。市民可以通过热线电话、网络平台等渠道反馈问题，使城市更新项目更加透明、公正，符合公共利益。前文提及的昌平路更新中，静安区绿化市容局多次组织街道、居委会、居民和商户召开座谈会，收集了 138 条居民和商户的意见，采纳了 118 条，融入实施方案中。可以说，上海的城市更新工作以人为本，把人民放在核心位置，通过人民参与，让人民成为城市建设的建言者、参与者与受益者。

四是上海在城市更新中注重社区尺度，尤其体现在老旧社区的更新注重社区生态系统与人文系统的构建和维护。通过改善社区绿化等方式，提升社区居民的生活质量。通过社区服务中心更好的公共服务供给，提升居民对社区的归属感与获得感，综合提升居民的幸福感。同时，鼓励居民参与社区更新过程，让社区更新成为一个由内而外、自然生长的过程。"15 分钟生活圈"等一批立足社区建设的理论与项目则在服务供给端捕捉并切实满足居民需求。

二、"一江一河"：工业"锈带"到生活"秀带"

在黄浦江与苏州河沿岸，随着"一江一河"系列规划的制定与落地，一系列变化正在发生。黄浦江沿线 45 公里、苏州河两岸 42 公里岸线已相继贯通开放，"一江一河"滨水空间品质持续提升，规划、建设、发展、治理将更包容多元，颗粒度更细，更贴近人民的需求。在杨浦滨江，从秦皇岛路码头起始点出发顺着步道一路漫游，沿江是20 多处工业遗存改造而来的现代艺术文化场馆、生态公园，风景宜人。新兴业态、文化艺术、工业遗产，在这里交融，不远处的办公楼是汇聚特色的办公空间载体、眼前的艺术展品生动优雅、由烟草仓库改造而成的绿之丘……沿途多有市民漫步于江畔，散步，聊天，江风吹拂，这里已经成为广大市民的大花园与会客厅，而如此情景发生在黄浦江沿岸、苏州河沿线每一个角落，"一江一河"作为上海面向世界的会客厅以其崭新的面貌迎接着四方来客。见图 3-2、图 3-3。

江河流韵，诗意栖居。上海依水而兴，一条黄浦江、一条苏州河，一如上海的城市血脉，穿城而过、千年流淌，孕育着上海的生命与希望。在这里，穿城而过的黄浦江、苏州河早已超越单纯地理空间

图 3-2 杨浦滨江

图 3-3 苏州河畔

上的标识，亦是上海城市文化的源泉，上海市民的心灵寄托，更是连接古今、延续上海千年发展的时空脉络。早在明代，上海港地处江河中转的枢要位置，吴淞江、黄浦江两江水盛，棉布输送全国，上海成为中国资本主义萌芽最早孕育的地区。到鸦片战争前夕，上海有沙船千艘，货物吞吐量近 200 万吨，内贸吞吐量位列全国首位，装卸人力达万余，时人称誉为"江海之通津，东南之都会"。开埠以后，上海衔江带海，得天独厚的水运优势使得这里成为中国近现代工业萌芽最早的地区。黄浦江沿岸，依托水运与码头，上海最早的一批库房、近现代工厂在此建立，中国第一座发电厂、造船厂、自来水厂……根据2015 年历史文化风貌区扩区的普查数据，上海现有工业遗产建筑 300多座，其中近七成在黄浦江沿岸。可见，一条黄浦江、一条苏州河，是上海人民的母亲河，见证了上海近现代工业诞生与成长，也是一窥上海城市发展步伐的窗口。

看着如今滨江生活秀带的美丽风光，难以想象 20 年前这里还是基础设施陈旧、老旧工厂林立的工业"锈带"。彼时，随着上海城市社会经济进一步发展，人民群众对城市面貌与生态品位的需求进一步提高，滨江地区的传统产业亟待转移、原有工业区划亟待升级，滨江治理提升、滨水区功能转换以实现还江于民，成为浦江两岸区域发展的大命题。上海这座城市的温度在一江一河的治理中得以充分体现。以人民需求为导向，一系列滨江空间改造规划与政策实现落地。2002年 1 月 10 日，黄浦江两岸综合开发正式启动，成了继 20 世纪 80 年代老外滩改造、90 年代浦东陆家嘴地区岸线建设之后对浦江沿岸的又一次重大改造与开发，范围从吴淞口到徐浦大桥，实现了中心城区滨江地区结构规划的全覆盖。2015 年，黄浦区核心区段基本实现从生产性岸线向综合服务性岸线转型的目标，并于 2016—2017 年随即开展了"黄浦江核心段 45 公里公共空间贯通工程"，在浦江两岸构建空间贯通、文化风貌、景点观赏、绿化生态、公共活动、服务设施 6 个系统。至 2017 年底，杨浦滨江已经由老工业基地改造为市民亲水的滨江步道与创新产业发展的策源地，上海鱼市场改造成的渔人码头，国棉十七厂厂房改造成的上海国际时尚中心（图 3-4）、讲述百年水厂故事的上海自来水科技馆……一批百年工业在新的城市建设需求下转型为集旅游、休闲、文化、娱乐、创意、人文、科技、展览功能于一体的综合产业集群。

图 3-4　国棉十七厂从厂房到国际时尚中心的华丽转身

与此同时，苏州河上海市域段，长度 50 公里，总面积约 139 平方公里的污染治理与滨水空间提升也在展开。1996 年，上海正式全面启动苏州河环境综合整治，成立苏州河环境综合整治领导小组；1998 年，上海市政府通过《苏州河环境综合整治方案》，之后的四期治理工作是苏州河空间提升的关键与核心。2018 年，上海发布了《"一江一河"沿岸地区建设规划》，规划范围覆盖黄浦江自闵浦二桥至吴淞口，长度 61 公里，总面积约 201 平方公里。按照建设世界级滨水区的总目标，黄浦江沿岸定位为国际大都市发展能级和核心竞争力的集中展示区，文化内涵丰富的城市公共客厅和具有区域辐射效应的滨水生态走廊；苏州河沿岸地区规划通过城市更新、人文建设和生态修复，初步建成超大城市宜居生活典型示范区，基本建成多元功能复合的活力城区、尺度宜人有温度的人文城区、生态效益最大化的绿色城区。

"一江一河"经过 20 余年治理，取得如下成效：一方面，滨水岸线实现贯通，公共空间持续优化并为打造世界级城市会客厅提供了开放空间。2017 年底，黄浦江沿岸基本实现从杨浦大桥到徐浦大桥 45 公里滨江公共空间贯通开放，累计建成 1200 公顷公共空间，漫步、跑步、骑行等休闲道长度约 150 公里。2020 年底，苏州河中心城段 42 公里滨水岸线实现基本贯通开放，同步推进滨水岸线贯通和提升改造，城市形象和市民满意度大幅提升。"一江一河"公共空间品质得到有效提升，服务功能更加丰富多元，逐步形成开放共享的公共休闲空间体系。另一方面，产业能级得到提升的同时，历史文化遗产实现有效传承。"一江一河"滨水地区逐渐实现由生产型空间向生活型和服务型空间转变。黄浦江沿岸金融、贸易、航运、文化、科创等核心功能集聚效应初步显现，苏州河沿岸持续加快文化、创新、生活服务功能建设。与此同时，黄浦江沿岸以上海船厂、国棉十七厂、老码头创意园区等为代表的历史建筑和工业遗存得以保留、修复、改造和利用。苏州河沿岸以四行仓库为代表的红色遗存，以 M50 园区、创享塔园区等为代表的工业遗存更新利用形成特色。此外，为有序推进"一江一

河"公共空间系统性规划设计和建设，陆续制定出台相关标准，明确
贯通开放、慢行系统、标识系统、配套设施、景观照明等建设要求，
建立了市、区两级相对完善的建设协同推进机制，研究出台了公共空
间养护管理标准，有效提升了公共空间服务能级，滨水空间管理更加
高效。

"一江一河"是以人为本的治理工程。"一江一河"作为"人民城
市"建设的先行项目与标杆项目，从规划的启动、执行到最终的政策
成果，始终以人民为中心，以人民对于更美好生活的需求为动力，以
人民群众高度参与作为执行特色，以开放水域让人民共享建设成果为
目标。可以说，人这一主体贯穿于"一江一河"项目始终。见图3-5。

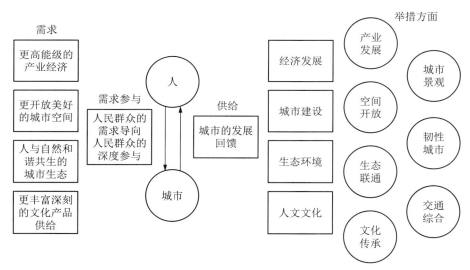

图3-5　以人为本的"一江一河"治理工程

首先是以人民需求为导向。人民群众对美好生活品质提升的渴
望，对更生态宜居、文化丰富、休闲便捷的城市空间的迫切需求，成
为上海市"一江一河"治理工作的原动力。曾经水体黑臭、污染严
重的滨水环境是工业制造业发展为优先的结果，随着上海城市发展

进入新的阶段，金融服务业、商业、高新技术产业等成为新的增长点，对于城市核心区的需求已由生产型向生活服务型空间转变。具体来说，居民对于美好生活的向往主要体现在对更高能级的产业发展的需求、对更开放美好的公共空间的需求、对人与自然和谐共生的城市生态的需求、对更充足的历史文化产品的需求等方面。面对黄浦江与苏州河沿线传统工业带的陈旧面貌与居民对美好生活的向往形成的鲜明反差，为响应群众呼声与城市转型发展的客观需要，上海市政府以"发展为要、人民为本、生态为基、文化为魂"为指导，开启"一江一河"治理征程，将滨江空间从工业功能主导区域转变为满足人民多元需求的城市活力带，实现滨江水域的产业提升、空间开放、污染治理、文化营造，彰显了上海城市发展的人民底色。

其次是人民参与治理。人民参与是城市建设的共识，更是城市人民性的体现。"一江一河"工作涉及大量市民群众的深度参与。黄浦滨江贯通之前，原本的滨江临水区域由不同产权的业主拥有，浦江沿岸由此被"分割"。不同业主让渡自身的部分权益助力共建畅通滨水区，一片完整畅通的滨水空间得到释放。在这里，一座座小区、单位围墙的"退后"是人民作为城市主人公在城市治理和城市建设中发挥主导性的"前进"。2017年底，黄浦江沿岸实现杨浦大桥到徐浦大桥45公里滨江空间贯通开放，人民群众漫步其上，得以享有更优美的滨江风景，标志着黄浦江沿岸的发展进入更关注品质、魅力和人性关怀的新阶段。在长宁，苏州河步道贯通、华政校园与中山公园融合开放等多个项目的意见征集让居民对实践江河治理中的全过程人民民主已经非常熟悉。"一江一河"沿岸，创新的治理模式正在试点展开，通过党建引领，吸引人民群众与各类社会组织参与滨江地区的管理监管，持续完善的滨江服务体系构建出"全区域统筹、多方面联动、各领域融合"的滨江党建与社区建设新格局，人人参与、多方共建，让滨江地区成为人民城市建设的示范区。在"一江一河"滨水公共空间的治理中，上海安排市民代表参加专题会议，组织"小水滴"志愿者和各区自发组成的"护河队"常态化开展活动。这些市民的积极参与不仅提升了滨水空间的品质，还增强了基层党组织的治理能力和群众的民主自治意识。中远两湾城是苏州河岸线贯通的一个重要节点，曾是岸线贯通的断点。在改造过程中，普陀区广泛听取居民意见，通过共商共议、共建共享的方式，实现了小区岸线的贯通开放。居民们不仅参与了步道铺装、娱乐设施和门禁安防等设施的更新，还积极参与社区治理，形成了良好的治理模式。2020年设立的杨浦滨江人民建议征集平台，通过线上线下结合的方式，向广大市民征集有关滨江区域的开发、建设和管理各个方面的意见，是市民零距离参与城市建设的纽带，让"金点子"很快落地。杨浦滨江的"绿之丘"形似空中花园，由上海烟草公司机修仓库改造而来。很多杨浦老居民在人民建议征集平台留言，希望能步入老建筑，重温旧日时光。于是，"绿之丘"开放了室外观景平台。

最后是人民享受成果。"一江一河"治理工作的初心就是为了人民，"还水于民""还景于民""把美好环境还给市民"。以人民为中心的发展思想，就是对人民群众对更美好生活向往的充分回应，发展成果也由人民所共享。上海市政府"一江一河"建设在滨江地区空间治理和产业更新上以浦江两岸空间升级带动老旧城区更新，对浦江两岸老旧小区实行改造与动迁，切实改善人民群众的生活品质，释放优质空间。引入新兴产业，打造具有全球影响力的金融贸易、文化创意、科创研发的聚集地。在服务供给上，布局滨江便民服务站，滨水区公园步道设计强调滨江水域的亲民可达与多样性，提高配套服务功能水平，为市民与游客提供更舒适的漫游体验，在文化上激活历史工业遗迹，组织开展社区文化活动，设置文化设施，将滨江文化活动开放给全体市民，打造更具活力的公共空间。在这里，"一江一河"成为满足人民对更美好生活向往的重要载体。

"一江一河"治理的路径与工作机制。黄浦江沿岸历来是上海城市重要功能的承载空间。随着两岸综合开发和上海全面产业转型的推进，沿岸集聚了大量重要的产业经济功能，成为上海建设国际金融中心、航运中心、贸易中心的重要载体。结合各个功能片区的开发特点，各类高等级公共设施逐步设立，与商务区融合、交织，形成了高度繁华的产业经济和公共活动功能圈。"一江一河"由规划到落地的过程离不开科学的治理思路与完善的政策保障。

"一江一河"的治理中存在"环境—产业—空间"治理的"三位一体"，滨江水域的治理工作始于苏州河污染治理与黄浦沿江工业带产业，根本动力是在特定的历史阶段，上海城市化与工业化的新进程背后的生产力与生产关系的变化，直接动力为上海市民对于更美好滨江生态环境与城市空间的需求。"三位一体"的治理，简要来说，一是产业升级与环境改善。产业的转移与升级，带动环境改善，而更优美的环境吸引更高能级的产业入驻。二是空间治理与产业升级。更高能级的产业要求更美好开放的滨江空间，文化产业等为公共空间的氛围与活力提升作出贡献，公共空间的整治与改善不断吸引更优质的产业、形成优质的产业合作氛围。三是空间治理与环境改善。滨江空间的提升离不开生态环境的治理与修复，滨江空间提升目标成为生态治理的动力之一，而生态环境的治理与修复给公共空间提供更优质的生态产品。

三者之间相互依存、相互作用、相互促进，在生产力与生产关系变革的推动下，在以满足人对更美好需求的导向下，推动环境、产业、城市空间不断螺旋提升，带来"一江一河"区域的整体升级，向着建立世界级滨水区目标持续前进。见图3-6。

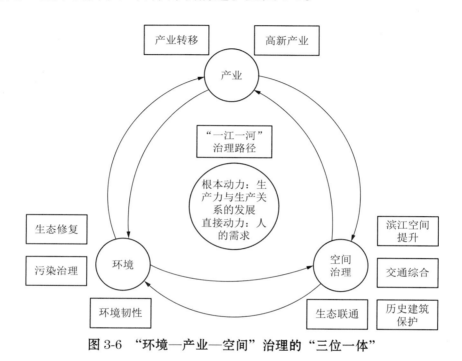

图3-6 "环境—产业—空间"治理的"三位一体"

"一江一河"规划的组织保障。"一江一河"规划的顺利落地除了规划阶段的精细化调研，也离不开执行过程中的层层制度保障，主要体现在组织结构、政策配套、资金支持三方面。组织保障上，由上海市"一江一河"工作领导小组办公室牵头抓总、相关部门和区各司其职，统筹推进共建共治，紧紧围绕一张蓝图，加强"一江一河"沿岸的规划、建设和治理工作。相关区要完善滨水区域统筹协调工作机制，明确工作机构，做好滨水区域规划、建设、开放和管理的统筹推进、组织落实、督促检查等工作。市各相关部门要在市"一江一河"工作领导小组办公室的统筹协调下，制定完善专项建设计划，并与各相关区做好协调工作。政策配套上，加快推进战略预留区及产业转型区域的规划研究，为土地储备和公共空间建设提供规划依据。积极推进滨水公共空间历史建筑确权的政策配套研究。推进滨水土地混合利用，激发滨水地区活力。资金保障上，形成"市区联动、以区为主"的资金筹措和财政支持体系，鼓励区域内各沿江、沿河单位、开发主体及社会资金参与滨水空间的开发建设。探索各区滨水空间公益性和效益性相结合的资金平衡机制，保障"一江一河"公共开放空间的日常运营维护，完善资金使用标准，落实资金使用主体责任，形成以管理养护为主的资金使用长效机制。深化政府主导的基础设施建设与社会资本经营的主题项目有机结合，实现经济、社会及生态效益的多方共赢。

20余年的治理取得了显著成就，"一江一河"沿岸地区已经成为承载上海国际大都市核心功能的重要空间载体，但是对标世界级滨水区的标准，在统筹协调、错位发展、动能释放、人文建设、生态环保等方面仍有待提升。不仅如此，"十四五"时期，上海正值着力强化全球资源配置、科技创新策源、高端产业引领、开放枢纽门户"四大功能"，全面建设美丽上海、打造人与自然和谐共生现代化国际大都市和优化"中心辐射、两翼齐飞、新城发力、南北转型"空间新格局的关键时期，这为"一江一河"滨水地区整体能级提升带来了重大历史性机遇。为深入践行"人民城市"重要理念，以更高标准、更宽视野、更大格局推进"一江一河"沿岸规划建设，必须坚持着眼长远强化规划引领，坚持生态优先强化绿色发展，坚持以人为本强化功能品质，加快建设具有全球影响力的世界级滨水区。

（1）构建世界级滨水区空间格局。黄浦江沿岸区段错位协同，核心段（杨浦大桥至徐浦大桥）集中承载国际大都市金融、商务、文化、商业、游憩等核心功能，提供具有全球影响力的公共活动空间；

下游段（吴淞口至杨浦大桥）基于区域转型升级，提供创新功能的发展空间，并强化生态与公共功能、生活功能的融合；上游段（徐浦大桥至淀山湖）强化战略性的生态保育功能基底，适当融入生活、游憩、文化与创新产业功能。

根据建设提升重点区块、功能完善重点区块、前期储备重点区块三类进行区段定位与功能建设，加快各区段主导功能能级提升，明确不同发展导向，强化主导功能集聚和能级推动，推动各区段协调发展。各重点区段以集群方式布局具有全球竞争力的金融、创新、文化等核心引领功能。

（2）拓展提升开放共享的滨水空间。进一步拓展延伸滨江开放区域，新增约 20 公里的滨江公共空间贯通岸线。提升滨江公共空间服务品质，打造滨江沿岸公共空间标志性节点。加快推进大型绿地公园建设，改造提升现有公共空间及滨江岸线，打造集自然生态、亲水互动、旅游休闲于一体的活力节点。为人民群众提供更多样、更丰富的活动空间和活动体验，提升黄浦江沿岸公共空间的品质与魅力。推进公共空间网络向腹地延伸。推进滨江公共空间沿景观道路和河道向腹地拓展，形成系统、完整、丰富的公共空间和生态体系，带动沿岸区域城市更新和功能重塑。建设垂江慢行通道，优化滨江空间慢行路网与腹地路网的联系。构建高标准的滨江景观体系。强化全要素设计，全面提升滨江核心段公共空间景观品质。开展街区和建筑景观整治，策划景观主题，提升景观照明，实现景观空间和功能的和谐统一。提升滨江公共空间服务能级。以便民惠民为原则，形成兼顾游憩与生活功能的服务设施体系。整合滨江区段内的公共服务资源，开展文体休闲、零售餐饮、旅游咨询、公共卫生等游憩服务设施的一体化升级。推动座椅、灯具等城市家具的品质提升，丰富实用、便利、亲民的活动场所。提升完善驿站网络布局和功能，形成游客、市民共享的服务设施体系。

（3）打造特色彰显、富有水岸魅力的世界级城市会客厅。坚持保护传承与开发利用并举，加快历史文化遗产活化利用，串联滨江沿岸历史文化遗产资源，设立水岸特色历史地标，推动文化元素为滨江空间赋能，打造历史遗产风貌展示区。有力推进公共文化新地标建设，强化滨江沿线文化功能和特征形象，做强文化旅游体育功能，激发滨江文化旅游发展活力。营造高品质文化旅游体验。串联滨江各类工业遗存、里弄住宅等历史文化资源，拓展滨江文旅线路，打造世界级精品文旅项目。打造滨江体育休闲活动带。以黄浦江滨江公共空间为载体，举办具有重大影响力的文化、旅游、体育活动。

（4）增强城市核心功能集群的辐射带动力。发挥黄浦江沿岸产业集聚和生态绿色优势，聚焦金融、航运、商贸、科创、旅游、文创等主导产业，促进高端商贸集聚、加强科创产业培育、加快旅游开发、提升文化产业能级等多个方面围绕区块特色产业，以标杆引领辐射带动，增强城市核心功能区的产业能级，增强滨江空间城市核心功能的引领示范作用，为生态环境与人居环境的改善奠定产业结构基础，支撑滨江区域经济产业高质量发展。

（5）构建人与自然和谐共生的蓝绿生态网。坚持高标准全流域治理水环境，全面推进沿江污染项目整治，加快工业岸线转型，严格管理污染源。加强流域生态修复治理，开展上游段涵养林建设，提升滨江空间生态环境，加强湿地生态保护和修复，促进多维度生物栖息和生态群落培育。努力增加滨江生态空间，推动滨江生态空间沿河道及路网向支流和腹地延伸，提升生态空间品质，凸显滨江生态的辐射渗透效果，形成互联互通的生态网络结构。积极开展沿岸海绵城市和绿色建筑技术示范区建设，倡导用生态绿色技术引导滨水空间生态绿色城区建设，推进滨江海绵社区建设与示范，大力应用推广生态建筑新技术、新材料、新工艺，提高滨江生态能级。

（6）打造精细化智能化高效治理的滨水空间。充分运用城市大脑和"一网统管"建设成果，完善规划体系、搭建综合地理信息平台、健全智慧网格化管理机制，打造精细化建设与治理的示范区。进一步提高滨江地区"网格化管理"能力和水平，建立面向公共安全与应急联动的空间信息智能平台，实现主要道路、核心景点和重要活力节点的全覆盖。整合梳理各类市容环境管理要素，健全滨江地区的市容市貌标准体系，推进建立智能及时响应系统，实现市容管理服务保障的标准化、规范化、智能化。结合 5G、大数据、云计算等新型基础设施建设，构建滨江生态绿地、文旅资源、景观设施、产业布局、用地资源、人流分布等多个场景应用单元，发挥"一网统管"体系的综合效应，提升滨江公共空间的科技感与体验感，助力滨江水域存量资源的更新展示与增量资源的一体整合，提高了城市管理的智能性与精细性，成为美丽城市的"里子"与底气。

三、美丽街区："15 分钟社区生活圈"

2014 年 10 月，上海在首届世界城市日论坛上率先提出"15 分钟社区生活圈"概念，即在市民步行 15 分钟可达的空间范围内，配置完善教育、文化、医疗、养老、休闲以及就业创业等各类服务功能和空间场所。"15 分钟社区生活圈"将市民的日常生活浓缩在其中，形成一个宜居、宜业、宜游、宜学、宜养的社区生活圈。其中，"宜居"指营造健康舒适的居住环境，"宜业"指提供贴心就业服务和更多就业机会，"宜游"指打造可漫步、可交往的慢行空间，"宜学"指推动幼有善育、学有优教、终身学习，"宜养"指嵌入为老服务、守护全市健康。

"15分钟社区生活圈"体现了习近平总书记提出的"人民城市"重要理念，是推动构建"人人参与、人人负责、人人奉献、人人共享"城市治理共同体的生动实践。上海"15分钟社区生活圈"始终坚持人民至上、规划引领、强化公共服务、注重统筹兼顾、全过程人民民主的五个导向，强调社区公共服务要素的供给能力和可达性，旨在提升社区的功能复合度与品质，满足居民日常生活的多样化需求。它不仅关注居住与基本服务功能，还承载起人们从日常生活保障、安全、归属，到学习、交往、创造等各层面需求的美好愿景。[1]

在全球化和城市化快速发展的今天，城市居民对生活质量的追求日益提高。上海作为国际大都市，始终致力于提升市民的幸福感和获得感。为此，上海市出台了相关政策文件对"15分钟社区生活圈"的建设进行指导和规范，旨在通过优化社区服务和空间布局，让居民在15分钟步行范围内享受到便捷、高效、多样化的公共服务和生活体验。

2018年发布的《上海市城市总体规划（2017—2035年）》从社区环境、基本公共服务体系、住房供应体系三个方面对"15分钟社区生活圈"建设提出了指导性规划。2023年和2024年，上海市规划和自然资源局分别发布了《2023年上海市"15分钟社区生活圈"行动方案》和《2024年上海市"15分钟社区生活圈"行动方案》明确了

---

[1] 熊健：《打造人民城市的理想社区 15分钟社区生活圈理论的源起、演进与展望》，《时代建筑》2022年第2期。华霞虹、庄慎：《以设计促进公共日常生活空间的更新——上海城市微更新实践综述》，《建筑学报》2022年第3期。

"15 分钟社区生活圈"行动的总体目标、基本导向和十大专项行动。[1]相比 2023 年，2024 年方案提高了项目数量和质量，强化社区服务设施建设，注重特色空间塑造和数字赋能，推进社区治理和资金保障。此外，上海市也出台了一系列文件为"15 分钟社区生活圈"建设提供技术标准。2016 年和 2024 年，上海市规划和自然资源局为响应城市发展需求、提升居民生活质量，分别制定了规划技术文件《上海市"15 分钟社区生活圈"规划导则（试行）》和《上海 15 分钟社区生活圈规划技术标准》。见图 3-7。

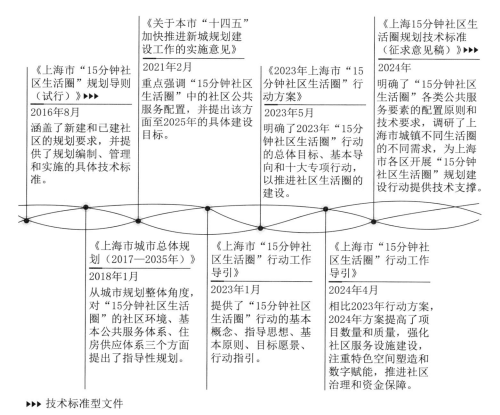

图 3-7　上海"15 分钟社区生活圈"政策文件概览

----

[1]　吴秋晴：《面向实施的系统治理行动：上海 15 分钟社区生活圈实践探索》，《北京规划建设》2023 年第 4 期。

提高社区绿化率，实现居民"推窗见绿"。 上海"15分钟社区生活圈"努力营造健康舒适的居住环境，为市民提供一个全方位满足居民日常生活需求的居住空间，确保居民能够在步行15分钟的范围内享受到高品质的居住体验，不断提升居住区的绿化率和生态环境，增强了居住环境的舒适性和美观性，从而提高了居民的获得感、满意感、幸福感。

"15分钟社区生活圈"的建设以社区为主体，在建设绿色空间方面真正实现让居民"推窗见绿"。提高社区绿化率可以为居民创造一个更加健康、宜居的生活环境，使得居民在忙碌的城市生活中能够更容易接触到自然，享受绿色带来的宁静和舒适。同时绿化还能够带动社区参与，鼓励居民参与到社区绿化的建设和维护中来，提供社区居民之间交往的平台，增进了社区内的人际互动和社会联系，推动构建和谐的社区环境，增强社区的凝聚力和归属感。在政策的指导和支持下，上海市各区开展社区绿色空间建设，在建设绿色空间的过程中，尽可能贴近居民生活，从居民的需求出发。

建于1951年的曹杨新村是上海首批"15分钟社区生活圈"试点，由于周围工厂的污染，早期环浜河水污染严重，周围居民深受其苦，对此，曹杨新村实施了环浜生态修复示范工程，改善河浜水质，同时还打造了沪上首座"高线公园"——百禧公园，建设了蓝绿生态带，增加了居民亲近自然、交流互动的公共空间。

4年前的黄陵路在居民眼中是一条"乱七八糟，没有任何吸引力"的街道，狭窄的道路、老旧的硬件配套、低端的商业业态严重影响了周边居民的居住品质。为了解决这一问题，在黄陵路美丽街区建设过程中，街道积极收集了来自商业主体产权单位、实际经营者、周边居民以及行政管理者等多方面的意见和建议。这些宝贵的反馈成为改造工作的重要参考。在改造实施阶段，沿街的店铺产权单位主动调整了业态，并对招牌、立面、台阶、门框等外观元素进行了一系列的美化和提升。同时，街道的绿化也得到了重新规划，将原本靠近建筑的绿化带向外扩展，增添了街区彩绘，使得街道更加整洁、美观、充满文化氛围。

昌平路街区的改造在两公里的街区内巧妙地镶嵌了10个口袋公园，形成了上海首个口袋公园带。这些口袋公园各具特色，与昌平路的林荫道和绿化带相结合，形成了一条林荫绿道，串联起各个口袋公园，不仅增加了绿化面积，还提供了居民亲近自然的空间，提升了街区的活力和美感。改造工程拆除了原有的围栏，让街道两旁的植被与行人道无缝衔接，使得整个街区显得更加开阔和通透，这样的设计不仅提升了街区的美观度，也为市民提供了更多的绿色空间和休闲场所。

改造前，昌平路西康路路口的"溪梦园"园内原有的水景和休憩廊架都已破败，改造后，引入了层叠流水、动态喷泉和雾气缭绕的森林等新颖设计，这些元素不仅丰富了公园的景观，也增加了游玩的乐趣。同时，公园内部还增设了供人休息的区域和公共卫生间，这些设施的增加极大地方便了市民的日常使用需求，使得"溪梦园"成为一个更加人性化和功能齐全的公共空间。

上海"15分钟社区生活圈"建设努力打造可漫步、可交往的慢行空间，满足居民对绿色空间的基本需求。通过慢行空间的打造，鼓励居民采用步行或骑行等低碳出行方式，减少对机动车的依赖，降低交通拥堵和环境污染，推动城市可持续发展。

杨浦区苏家屯路、阜新路"美丽街区"更新项目，是四平路街道在"15分钟社区生活圈"行动推进中的一项重要实践，该项目的核心理念是"动力绿街"，旨在将阜新路打造成一条绿色宜人、活力多元的漫步绿道。项目通过围墙重建与步道拓宽，打造"舒心"步道，为居民提供了更加舒适和安全的步行环境；通过微空间设施植入，塑造"惠心"绿道，增加了社区的功能性和互动性，鼓励居民在日常生活中更多地使用这些空间；通过立面更新，创造了"赏心"街道，提升了街道的美观度和文化氛围。这些更新措施得到了居民、政府和周边企业的广泛好评，并形成了良好的示范效应，不仅提升了阜新路的街区品质，也增强了社区的社交关联，成功地将一条普通的城市支路转变为一个充满活力和绿色生态的社区生活空间，为居民提供了一个更加宜居的环境。见图3-8、图3-9。

图3-8　苏家屯路的"美丽街区"

图 3-9　沿街建筑外立面美化

在提供可漫步空间的同时，上海"15 分钟社区生活圈"也不断完善慢行空间的配套措施。浦东新区望江驿沿着黄浦江岸线分布，为市民和游客提供了一个集休息、观景、文化体验于一体的多功能空间。每个望江驿都设有休息区和公共卫生间，方便人们在漫步滨江时有地方歇脚。这些驿站的设计简洁现代，通常采用自然材料，与周围的自然环境和谐相融。室内空间通透，配有大面积的落地窗，让游客可以无遮挡地欣赏到黄浦江的美景。室外的木平台和座椅提供了一个与自然亲密接触的场所，让人们可以更近距离地感受江水和城市的脉动。

"15 分钟社区生活圈"建设致力于建成不同服务半径的社区绿地，实现圈圈交融、共享绿地。《上海市 15 分钟社区生活圈规划技术标准》中规定，社区级公共绿地宜与社区生活圈中心、社区公共服务设施、公共交通站点等结合设置，面积不宜小于 3000 平方米，服务半径为500—1000 米。社区以下级公共绿地宜沿城市生活性支路、公共通道、街角、建筑出入口等位置布局，面积不宜小于 400 平方米，宽度不宜小于 12 米，服务半径为 300—500 米。

激发社区绿色空间活力，增强居民环保意识。"15 分钟社区生活圈"的建设突破了 15 分钟的空间和时间概念，将绿色低碳的生活方式融入日常建设中，让居民在 15 分钟的日常生活中更容易接触到环保理念和实践，增强了居民的环保意识。

近距离的社区规划使得居民在步行或骑行的范围内就能满足日常生活需求，减少了对汽车的依赖，降低了碳排放。社区内的绿色空间和公园提供了亲近自然的机会，加深了居民对环境保护的认识。垃圾分类是提升社区环境和居民生活质量的重要举措之一，社区内的环保活动和教育项目也鼓励居民参与到垃圾分类、节能减排等环保行动中来，实现人人共建共享的绿色社区生活圈。

自 2019 年 7 月《上海市生活垃圾管理条例》发布实施以来，上海将垃圾分类工作融入社区更新和居民生活，提升了居民的参与度和生活质量。在上海的大小街区里，分类垃圾箱房、垃圾桶整齐排列在绿荫下、绿植丛中。箱房内部还配有通风设备、除臭装置、防蚊装置等设备，优化环境。智能化的可回收物垃圾箱房也随处可见。居民微信扫码或输入手机号就可以自助开启仓门，完成可回收物投递同时，还可变废为金，回收物账户及时到账返现。[1]

2023 年 5 月，习近平总书记在给虹口区嘉兴路街道垃圾分类志愿者回信中指出，"垃圾分类和资源化利用是个系统工程"，"推动垃圾分类成为低碳生活新时尚"。

曲阳路街道内老年居民较多，为贯彻"宜老"理念，曲阳路街道

---

[1] 参见《生活垃圾分类逐"绿"向"智"　一起来看上海五年来的积极实践》，央视网，2024 年 7 月 2 日。

创新社区微治理，沿街设置一排 24 小时智能自助投放箱，打造了全区首家示范性可回收物中转站——辉河路 7 号"沪尚回收"可回收物中转站。同时，街道还设立了曲阳路街道垃圾分类科普馆，通过知识问答、互动小游戏进一步引导居民固化垃圾分类文明习惯。[1]

梅陇三村社区通过将低碳理念植入居民的日常生活中，增强居民的环保意识。社区组织居民开展"生活垃圾变废为宝"项目，成立了"低碳环保自治行动小组"，并进一步发展为"绿主妇议事会"，以家庭主妇为骨干，带动家庭和楼组参与环保活动。"绿主妇议事会"通过垃圾分类、阳台绿植等环保活动为切入点，调动居民的积极性，逐步对社区内侵占绿地等公共事务问题开展自治，组织居民参与各种环保活动，如定时定点回收利乐包、塑料制品等，并在零废弃会员卡上按重量登记积分，激励社区居民参与环保活动，同时，衍生出多个环保公益项目，如"家庭一平米菜园""芽菜种植"到社区学校绿色课堂，让居民们切实感受到小区环境的变化。这些活动不仅改善了社区环境，也提升了居民的环保意识和社区自治能力，成为梅陇三村社区治理和环保活动的重要力量。

基于"绿主妇"志愿者团队的坚实基础，上海徐汇区凌云绿主妇环境保护指导中心得以成立。该指导中心的影响不局限于上海本地，而是扩展到全国其他地区，积极推广垃圾分类、楼道微治理和社区微更新等项目的成功经验和工作方法，同时传播生态环保的理念。[2]

建设综合性生活圈，提高居民生活品质。"15 分钟社区生活圈"

---

[1] 参见《@虹口人，来看看这个"15 分钟生活圈"是否与你有关？》，上海市虹口区人民政府网，2024 年 12 月 17 日。

[2] 闫世东、黄潇漪：《上海市生活垃圾分类与科普宣传实践及经验》，《环境保护》2019 年第 12 期。

建设的重要目标在于让各年龄段的市民都能在步行 15 分钟的范围内享受到必要的生活服务和便利设施，提升居民的生活质量，体现城市的可持续发展和人文关怀。"15 分钟社区生活圈"不仅仅是一个时间、空间概念的综合体，更是衡量城市规划便捷度、百姓生活满意度的一杆标尺。除了生态建设外，近年来，上海不断提高"15 分钟社区生活圈"的综合性和精细度，从市民真实的生活需求出发，努力在"五宜"方面更好地建设城市基础设施和提供城市公共服务，提高城市品质。

宜居方面，上海对老旧小区进行改造，截至 2024 年已经实施了超过 1700 万平方米的老旧小区改造，涉及 369 个老旧小区，受益居民达到了 20 万户，同时，预计在"十四五"期间计划新增建设筹措保障性租赁住房 47 万套（间）以上，达到同期新增住房供应总量的 40% 以上。宜业方面，在社区内建立就业服务站点，方便求职者的同时提高就业服务的效率，此外，社区通过提供更多的就业机会和创业支持，吸引更多的企业和商家入驻。宜学方面，上海"15 分钟社区生活圈"为居民构建了一个便捷、高效、全面的教育和学习环境，通过在社区内提供丰富的教育资源和设施，确保居民在步行 15 分钟的范围内就能享受到优质的教育服务。这样的设计不仅减轻了家庭的养育负担，也为不同年龄段的居民提供了终身学习的机会，促进了社区内的知识共享和文化氛围的营造。宜养方面，政府等相关部门充分考虑老年群体的需求，完善养老服务设施、提升医疗服务可及性、促进老年人的社会参与、实现全龄友好的社区环境以及构建社区共同体。

上海"15 分钟社区生活圈"在不断提升其综合性的基础上，将统筹挖潜空间资源，推进智慧化和信息化建设，深层次融入文化和人文关怀，提高社区居民的参与度，提升社区韧性和可持续发展，打造一个充满活力、和谐宜居的社区生态。随着"15分钟社区生活圈"的不断完善，社区生活圈的范围交集将越来越多，居民可以触及不同"15分钟社区生活圈"的服务资源，享受到有更多选择的社区公共服务，实现"圈圈点亮、共绘蓝图"。

四、"新城崛起"：日新月异

2024年9月22日，一场全新自主品牌赛事——2024环上海·新城自行车赛顺利完赛。跨越嘉定、青浦、松江、奉贤、南汇五个新城，成为本次比赛的最大看点，来自海内外的20支职业车队共132名车手可以在不同赛段中领略上海五个新城的不同风光。骑手们换个方式看新城，领略嘉定新城远香湖碧绿的荷叶衬着粉色或紫色的睡

图 3-10　南汇新城的滴水湖畔：绿色—生态—人文

莲，青浦段江南水乡古韵和新城现代化气息的交织，松江段穿梭于佘山国家森林公园的天然大氧吧，奉贤段展现蓝绿交融的生态感，南汇段滴水湖的波光潋滟。环上海·新城自行车赛的赛道设计规划串联起五个新城的地标性建筑和景观，充分展现新城日新月异的建设成果和各具地域特色、欣欣向荣的人文风情。尤其是 9 月 22 日最后一个比赛日，在滴水湖畔举办了全民骑行活动，近 1500 位骑行爱好者来到美丽的滴水湖畔破风疾行，度过了一个精彩纷呈的运动周末。

上海建设新城可追溯到很久前。1956 年，上海市规划建筑管理局编制了《上海市 1956—1967 年近期规划草案》，初步提出建立近郊工业备用地和开辟卫星城的规划构想。1958 年后上海相继规划建设了闵行、吴泾、嘉定、安亭、松江等五个卫星城和一批近郊工业区。但由于各方面的调节限制，直到 1990 年，七个卫星城总共人口才不到上海总人口的 10%。此后《上海市城市总体规划（1999—2020）》取消卫星城，首次提出"郊区新城"的概念，提升郊区综合功能，增强郊区综合实力。对"郊区新城"赋予的定位是，具有城市综合功能的中等规模的城市，是一个功能完善、布局合理、设施先进、环境优良的现代化城市。新城的布局整合了原卫星城、县城，以及重大工程、重点发展地区，同时对于中心镇按小城市规划、配置相应的设施。

2017 年 12 月，新城地位再一次提升，国务院批复原则同意《上海市城市总体规划（2017—2035 年）》，提出了上海建设全球城市的目标，明确将位于重要区域廊道上、发展基础较好的嘉定、松江、青浦、奉贤、南汇等新城培育成在长三角城市群中具有辐射带动作用的综合性节点城市，并明确要举全市之力推动新城发展，全面承接全球城市核心功能。从城市群区域分工角度来看，主城片区已经扮演着类似伦敦、纽约、东京在各自城市群和都市圈中的角色作用，发挥着引领长三角世界级城市群和上海大都市圈发展的核心城市作用。新城跳出"中心城区＋郊区"的传统二元空间模式，在全球城市网络中发挥综合性节点城市作用。"独立"与"综合"，意味着这5个新城在功能定位上，都已不再是从上海出发，而是成为全球城市网络中具有辐射带动作用的独立性综合性节点城市。由此，上海形成"中心城—新城—中心镇——般镇—中心村"五级层次的城乡结构体系。

上海"五个新城"建设进入全面发力、功能提升的关键时期。新发展理念正成为新城的理论引领。围绕创新发展，推动一批创新成果、本地转化，布局战略性新兴产业，推进大学科技园在新城布局发展，加强与新城内外高校、科研院所的联动发展，积极促进创新成果本地转化；围绕协调发展，通过五个新城与上海中心城区、下属村镇的功能协作，形成区域协调与城乡协调，以新城产业带动新城周边区域发展，以新城建设带动乡村振兴，乡村产业在融入新城产业链的过程中实现配合，协调发展。围绕绿色发展，把生态保护融入城市空间构建，以绿色建筑、循环经济、自然空间治理走可持续发展的绿色之路。围绕开放发展，经历了"卫星城（镇）—郊区新城—新城"战略级别的提升，新城成为上海对内对外开放的重要窗口，对内积极参与长三角一体化进程，加强与长三角及其他城市的经济文化科技交流，对外加强与其他伙伴的交流合作，以"一带一路"倡议为引领，推动产业出海，发挥产业集群优势，打造各个新城的"金名片"。

新城绝非仅仅是形态、样式、建筑、道路等外表形式上的"新"，而是要在新发展阶段、新发展理念和新发展格局下，将生态优先和绿色发展融入新城规划建设运营的各方面全过程，夯实新城生态安全的"基底"，协同推进碳达峰和环境质量改善，以现代环境治理体系助力新城高品质生活。

一是树立生态优先、绿色发展的新理念。要站在人与自然和谐共生的高度来谋划新城发展，以生态文明和绿色发展给新城的顶层设计、规划建设"立规矩"。

培育符合绿色发展要求的新增长点，延展绿色经济产业链。倡导低碳绿色出行，全面推广新能源汽车及其配套基础设施建设，加快构建新城内部、新城与中心城区、新城与周边区域的绿色交通体系。积极探索内涵式、集约型、绿色化的土地、能源、水等资源利用模式。

新城建设，尤其要做好约束引领增量和优化提升存量。增量部分，新增建设用地须强调高效率的土地利用和高效益的土地产出，新增产业和新建各类企业的能源和资源效率、污染物产生与排放应按同行业同类企业全国甚至国际领先水平来要求，新增各类建筑应按领先的能效标准要求并普及新能源的生产和使用，新增各类车辆要加大提高新能源汽车占比。存量部分，须加快发展转型、布局和结构优化和提质增效，比如，加快产业结构优化，持续推进能源结构优化，深化节能和能源清洁高效利用，推动工业企业、建筑、交通等领域的节能降碳减排和绿色化改造。

二是打造生态安全的新样板。新城建设中，保护好生态基底、坚持生态安全是新城建设的首要性、基础性前提，打造蓝绿交织、开放贯通的大生态格局，以各个新城独特的生态禀赋与文化底蕴为基础，结合城市骨架与城市空间，演绎"嘉定教化城""青浦江南风""松江上海根""奉贤贤者地""南汇海湖韵"的"一城一意向"，将"500 米进公园、1 公里进滨水公共空间、5 公里进森林"作为新城生态建设的基本要求。

新城建设要落实好主体功能区战略，明确并严守生态底线，维护原有生态空间基底，对重要的生态敏感地区进行保护，完善生物多样性保护网络，加强生态空间的保留和保育、修复和拓展，在空间上对经济社会活动进行合理限定。在新城与中心城区之间、新城与新城之间保留一定的生态间隔，形成错落有致、层次丰富、功能复合的生态网络骨架，形成动物迁徙通道，打造生态休闲空间。一方面，让充足的绿地与水域面积成为城市生态环境的"氧吧"与"碳汇"，带来更高品质的城市空间；另一方面，通过新城内外保留和保育适当的生态空间以及加强生态环境修复、恢复，可以增加碳汇，为新城碳达峰后进一步实现碳中和打下基础。

系统推进新城海绵城市建设、水生态治理与修复，充分发挥自然生态系统的调节功能，增强城市韧性，应对气候变化、洪涝灾害等环境挑战，加强建设用地的土壤风险管控。

三是树立协同推进碳达峰和环境质量改善的新标杆。"碳达峰""碳中和"是上海实现绿色发展、促进广泛形成绿色生产和生活方式、倒逼能源结构优化和节能、提升生态环境质量的"牛鼻子"。

新城建设与发展，应始终将生态环境保护、人居环境改善作为最基本的"生命线""硬杠杠"。须同步实现空气质量在内的环境质量全面持续改善和碳排放达峰，深化推进 $PM_{2.5}$ 与臭氧协同控制，深入实施移动源综合治理等重大工程，加大对挥发性有机物等非传统污染物防控力度，推进重点领域节能减碳。以减量化、资源化、无害化为目标，推进垃圾分类提质增效，强化各类固体废弃物的协同安全处置和循环利用，同步推进污水污泥收集和处理处置，初期雨水调蓄、中水回用和雨水利用等。

四是建设引领高品质生活的新家园。新城建设应坚持以人为本，以人民群众对美好生活的向往作为发展方向，以人民群众的需求作为规划目标，以人民群众的关注点作为规划重点，以人民群众的感受作为检验规划实施成效的标尺。

首先，关注人民群众的美好生活和优美环境需求，将不同年龄段、不同职业、不同收入的人群对于新城发展的愿景，尤其是人民群众对于美好生活、优美环境、高质量的生态产品和持续改善的生态环境的需求，充分纳入相关规划编制中，并在实施中真正落实到位。

其次，做好城市设计，打造"生态惠民"典范。全面提升新城生态环境品质，把"城市客厅""城市家具"打造得更加精致宜人、整洁便利、安全舒适。比如，依托老城、古街、旧弄、内河，精心规划建设新城公共空间，完善新城公园布局，推进"口袋公园"建设，适当配置休闲健身、文化娱乐设施，以网络化、高品质的绿道，同步实现各类功能区的贯通和步行、自行车等慢行的体验提升，做好新城内及周边重要湿地以及河湖岸线的保护和修复，加强生物多样性保护，提升生态系统质量和生态服务功能。

再次，积极适应未来生活方式转变趋势，更加强调"社区"这一城市基本空间单元的建设。以"15分钟社区生活圈"组织紧凑复合的社区网络，促进生活、就业、休闲相互融合，在社区这一基本空间单元加大人居环境建设、持续改善人居环境质量，提升新城居民的幸福感和满意度。通过高质量城市空间打造、高品质公共服务供给、高标准文化产业建设，丰富居民的城市生活、满足人民群众日益增长的对美好生活的追求和向往。

最后，打造"新城"的人文历史名片。虽名为"新城"，但上海五个新城所依托的嘉定、青浦、松江、奉贤、南汇中的任何一个的历史甚至都比"上海"更悠久。五个新城的区位特点也各具特色。新城建设不仅要避免"千城一面"，更须深入挖掘其人文历史和有别于其他地方的特色底蕴，让新城的城市文化体现在每个角落里。

五、美丽乡村：超大城市的亮色与根基

工业化和城市化是一种整体化过程，始终不应该将农村和农业排斥在外，更不应该去消灭农村，发展的结果是获得更美好的农村、更发达的农村。尤其是在对农村产业调整的同时，通过规划、基础设施建设、污染治理和加强管制等手段，对农村聚落的整治、对农田景观的改造，让农田、村落、河湖和森林以多样性的、鲜明的四季特点和地方特征，形成具有上海特点的田园城市风光。营造高质量的农村景观，其成本远低于绿地建设，需要我们探寻以低成本开展生态建设的路径。

农村最为传统的功能是农产品的提供。上海依然需要本地的农产品，包括那些不适合远距离运输的蔬菜、高附加值产品和地方特产等。尤其重要的是，在蔬菜发生季节性或灾害性短缺时，利用本地的设施农业，可以在较短时间内补上市场缺口。比如2008年初南方冰雪灾害时，上海的蔬菜供应影响不算大，冬季上海人蔬菜消费以本地产的青菜类或绿叶菜为主。上海真正稀缺的，还有来自农村的生态服务：培育和充分发挥农村的水、土壤和空气等环境净化功能，比如黄浦江上游水源地等，上海应通过有机农产品生产基地、推广精准施肥等环境友好技术、治理农村生活污染、清除散布在农村的污染小企业。通过综合整治，致力于整体地将已成为面污染源的农村转变为净化器。同时，农村是优美乡野景观的提供者。

未来农村同时具备上述产品生产、环境净化、乡野优美景观、传统文化和生物多样性保护等多重功能，即"价值叠加"[1]——意味着

---

[1] 戴星翼、董骁：《"五位一体"推进生态文明建设》，上海人民出版社2014年版，第154页。

在传统的产品功能基础上叠加上述服务功能，而不再以提供有形农产品为唯一使命，是一种为满足居民高层次需求，受地域、社会经济发展水平影响的，强调农业生态与社会价值更优于经济价值的一种农业发展模式。农产品、农村不仅具有传统意义上的经济价值，还富有能反映周边环境质量，标榜社会地位，能充分实现的生态与社会价值。这也意味着农村应从产量农业向质量农业转变，产品经济向服务经济转变，通过向大城市提供建立在自身区位优势基础上的水源保护、优质的环境、景观旅游休闲等服务，来获得未来的发展空间。

在国家严格的土地管理制度下，上海已经确定了3260平方公里的城市建设规划面积，可以说这是城市建设用地的"天花板"，另一半土地将来仍然是农村用地和生态空间。1556个乡村，是上海作为国际大都市的特别存在。截至2024年底，上海累计建成309个美丽乡村示范村、112个乡村振兴示范村，首批6个"五好两宜"和美乡村片区建设试点取得积极进展，乡村全面振兴发展综合指数连续两年位列全国第一。数字的背后是上海对"城市文明向何处去"这一时代命题的深刻回应——以美丽乡村建设为载体，探索生态文明下的城市化新范式，让"乡愁"成为世界城市的绿色亮色和生态底色。

乡村是城市文明的根基。2025年1月，国家发布的《美丽乡村建设实施方案》明确提出，要"形成山清水秀、天蓝地绿、村美人和的新时代'富春山居图'"。上海2024年启动特色民居村落风貌保护全面调研普查，初步筛选出乡村风貌重点村196个、历史老街53条、古桥260座、181个建筑以及古树265棵。在此基础上发布《上海市特色村落风貌保护传承专项规划》，首提"沪派江南"，以郊野乡村地区的"滩、水、林、田、湖、草、荡"为基底，构建"六域、八脉、十二意象"的上海乡村风貌空间结构。

首批 15 个"沪派江南"试点正在推进，以探索大力发展休闲旅游、生态康养、文化创意等新产业新业态，让乡村成为市民的诗意田园。一个多元化、深层次的"沪派江南"旅游体系正在完善。突出规划先行，构建统一空间布局；突出"打包立项"，整体推进村庄改造，整合房建、道路、水系、公建配套、景观绿化等多部门、多专业，统一建设、集约资源；突出生态文明，同步改善乡村环境。探索机制创新，搭建多方参与、优势互补的运作平台，以企业化运作负责开发建设、资产管理和招商运营；抓住重点产业，促进一、二、三产深度融合，推动农商文旅多产业、多要素发展；还要坚持以农民增收为核心，构建"租金＋股金＋薪金"的村民收益模式。

图 3-11 嘉定华亭镇毛桥村

在"沪派江南"风貌改造过程中，许多上海的郊野乡村都在探索属于自己的路。崇明区竖新镇通过"五好两宜"和美乡村试点，创新"租金＋股金＋薪金"模式，将23处闲置集体资产转化为实验动物科研基地、中草药产业园等19个产业项目。金山区的朱泾镇待泾村将600亩集体建设用地作价入股，建造上海最大的花海主题生态园；以"棋盘"风貌的典型代表枫泾镇新元村，预备通过低干扰、近自然的方式，打造"最金山"沪派江南水乡风貌样板。乡村可以作为一种城市的"战略空间"，创造更多产业创新机会。把村里的资源做了整合，让闲置空间被利用起来。比如在乡村图书馆、咖啡室、书院、荷塘书房里布置了各类工位，打造各种"乡村最美工作场景"。青浦岑卜村吸引32个青年创业团队入驻，将夯土老宅改造为"自然办公空间"。奉贤区庄行镇则使科技创新与农业发展融合，创新循环农业和自动化育秧作业，实现产业振兴助推乡村振兴。在青浦区莲湖村，运用BIM技术模拟水网修复方案，既恢复了"珠链水乡"的肌理，又植入海绵城市技术，使水域面积增加15%的同时，防洪标准提升至百年一遇。松江区推广的"稻虾共作"模式，通过物联网传感器实时监测水质，减少化肥使用量40%，亩均收益却提升至1.2万元。

上海美丽乡村建设给出了中国探索城乡融合发展的答案。这里的乡村振兴，既非对农耕文明的怀旧模仿，也不是与传统割裂的"断崖式跃进"，亦非对工业文明的简单迭代，而是在守护文明根脉中孕育新生——让城乡成为记得住乡愁、容得下田园、看得见未来的生命共同体、命运共同体、发展共同体。

第四章

美丽上海建设的"公园+"与"+公园"

公园是承载公共服务、人民群众优美环境需要等功能的空间载体。上海力争到 2035 年建成拥有 2000 座公园的"公园城市"。将坚持"以人民为中心",推进高品质的各类公园(街区公园、口袋公园、城市公园、郊野公园)建设,不断满足人民群众对生态空间、美丽城市的需要,不断提升人民群众的获得感、幸福感、安全感。

一、公园"姓公":生态产品的空间载体

公园城市,既不是"公园+城市",也不是"城市+公园",更不是单纯的城市公园。"公园城市"是在园林城市、山水城市、生态城市等理念的基础上,在城市经济发展、科技产业升级、城市生态环境持续恶化的现实背景下城市发展模式和形态的新特征,是城市土地积极演变和创新利用的方式。建设公园城市,不能仅仅关注公园的数量,更要关注公园的赋能。打造公园城市不仅要满足市民对绿色空间和休闲场所的基本需求,还要考虑到人口结构变化、人口素质提升以及人口分布调整等多重因素,以实现更加和谐、均衡和可持续的城市发展。

"城市公园"是历史并不长的或者说是一个现代性的概念。在古代,无论是欧洲的大规模花园,还是中国苏州园林,都属于皇室或贵族的私人财产,仅供特定人群休闲娱乐或审美之用。直到 19 世

纪，工业革命到来，城市人口激增，居住环境变得拥挤不堪，绿色空间才逐渐成为工人阶级生活的"刚需"。现代意义上为公众而建的公园就此产生。公园"姓公"，也就是说，城市公园具有天然的公共物品属性。工业时代最早的城市公园之一是始建于 1843 年的英国利物浦王子公园——最早作为一个私人项目开发之后于 1849 年交给城市管理者。我国最早也是上海第一个真正意义上的公园是 1868 年（清同治七年）建成的英美租界公共花园（今黄浦公园）。而如今的复兴公园，其前身是顾家宅兵营，在 1908 年 7 月 1 日（光绪三十四年六月初三）被辟建为公园。但是，这两个公园建成之初都限制华人入园，直到 1928 年才向所有中国人开放，成为真正意义上的"公园"。

图 4-1　今日之复兴公园

有了城市公园之后，"公园城市"理念开始萌芽。英国埃比尼泽·霍华德提出"花园城市"（亦称"田园城市"）理论，即用田地或花园的空间围合，平衡住宅、工业和农业区域，来解决"大城市病"。在"二战"后的重建中，许多欧洲城市都引入并实践了这一理念。新加坡于 1967 年宣布实施"花园城市"政策，目标是确保以公园绿地空间构成一个连续的整体系统。美国著名风景园林师弗雷德里克·劳·奥姆斯特德首次提出"城市公园系统"的规划理念，旨在把公园与城市生活的诸多面向紧密结合。[1] 1960 年，日本的小坂立夫提出了"公园都市"的概念，并在日本播磨科学公园都市建设中得以实践。[2] 2009 年韩国造景学会会长曹世焕将公园城市（Park City）定义为"全新未来理想城市发展模型"，即"风景园林与城市融为一体的未来城市模型"。[3] 2019 年 7 月，伦敦正式宣布建成了全球第一个"国家公园城市"，并颁布《伦敦国家公园城市宪章》，在全球范围开启了公园城市的评选。

在中国，成都是"公园城市"的先行者。2018 年，习近平总书记在天府新区考察时提出建设公园城市。公园城市，突出"公"的属性，按照"园"的标准，以人民为中心，融合生态、生活、生产功能的城市发展新模式。[4] 公园城市是一个综合性的概念，涉及生态价值、系统性规划以及服务品质的全面提升。公园城市理念与过往的花园城市等理念的区别在于，更强调以人民为中心。公园城市作为全面体现新发展理念的城市发展高级形态，是将公园形态与城市空间进行有机融合，形成自然经济社会人文相融的复合系统。[5] 公园城市紧紧围绕

［1］ 张希晨：《公园城市发展理念与规划策略研究》，华南农业大学硕士学位论文 2023 年。

［2］ 刘助仁：《日本播磨科学公园都市》，《世界研究与开发报导》1990 年第 2 期。

［3］ 曹世焕、刘一虹：《风景园林与城市的融合：对未来公园城市的提议》，《中国园林》2010 年第 4 期。

［4］ 《上海市公园城市规划建设导则》，上海市绿化和市容管理局网，2023 年 1 月 2 日。

［5］ 陈明坤、李荷：《化"畸零边角"为"金角银边"的公园城市微场景更新研究》，《中国园林》2024 年 7 月 31 日网络首发。

"市民—公园—城市"三者关系进行建设,通过提供更多优质生态产品以满足人民日益增长的优美生态环境需要。

除城市公园和公园城市之外,还有许多相关概念,不妨称之为"公园+"和"+公园"。以"公园+"和"+公园"双重理念为主线,促进公园与城市的无界融合,拓展和深化城市公共开放空间的生态、文化、经济、社会等多方面价值。其中,"公园+"规划的主要思路是,以全域绿色开放空间(即公园本体)为主体,在城市、乡村各级公园挖掘差异性、打造独特性,实现全域化覆盖和融合化布局,满足市民的多元需求。结合生态化、智慧化、开放化的空间特色,推动多层次的公园体系建设和整体品质提升。在城市公园层面,以强化各级公园的综合服务功能为目标,在特色场景挖掘、多样功能开发、智慧互动发展、开放共享布局等方面实现突破;森林公园,依托原有森林景观尤其是大型乔木,通过大规模的铺地野花和海棠、桃、樱花等大量开花乔灌木,形成立体分层、四季各异并兼具生态涵养和观赏休闲功能的森林景观(见图4-2);在郊野公园层面,以彰显各级公园的生态人文特色为目标,在保持地区生态特色和能力的同时,深入挖掘一站式服务功能,注重景观塑造和互动体验。

而"+公园"模式,是指以城市街区、社区、校区、园区以及乡村郊野地区为主体,将公园作为城市基础设施的重要组成部分,融入城市发展的各个方面,营造全年龄友好、全时段开放、全季节宜人的场景,提高城市开放空间和公共设施的可达性,建设形成公园中的街区、社区、校区、园区与乡村,实现生态基地厚实、绿色空间开放,在人文底蕴、活力多元、亲民便利、创新服务等方面进行特色

图 4-2　深秋的共青森林公园

性规划。"＋公园"模式不仅提升了城市的整体生态环境，还提高了居民的生活质量，促进了社会和谐与经济发展，提高了城市发展的韧性。

二、千园之城：完善的城乡公园体系

大块的开放草坪、露天舞台和观众席、"丝滑"的健身步道、点缀得恰到好处的花草……新公园看似质朴，其实蕴藏"精准击中"周边各类人群的巧思，只因在设计建设的过程中坚持"用户思维"，即要让周边居民和上班族觉得公园不仅美，而且好用。由毗邻小区的两块老旧公共绿地刚刚改造重组成的 1.4 万多平方米的古北市民公园开放，为上海 2024 年公园城市建设画下圆满句号。至此，2024 年上海新增城乡公园 141 座，全市各类公园达到 973 座，距离"2025 年底公园总数超过 1000 座"的"千园之城"目标更近了一步。

　　上海市在推进公园城市建设方面采取了一系列规划和行动，以提升城市品质、实现绿色发展。2021 年 6 月，上海市出台了《关于推进上海市公园城市建设的指导意见》正式提出"千园工程"，拟于 2025 年前新建公园 600 余座，人均公园绿地面积增加 1 平方米；《上海市生态空间建设和市容环境优化"十四五"规划》《上海市"十四五"期间公园城市建设实施方案》，明确了"十四五"时期公园城市建设的基本要求、总体布局、主要目标和重点任务；随后又陆续发布了《上海市"十四五"期间公园城市建设实施方案 2023 年任务分解及局内

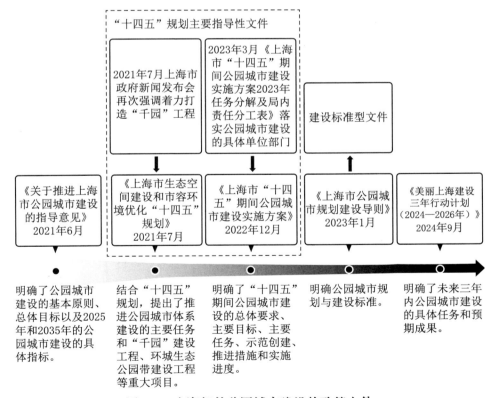

图 4-3　上海相关公园城市建设的政策文件

责任分工表》和《上海市公园城市规划建设导则》。此外，《美丽上海建设三年行动计划（2024—2026 年）》明确了未来三年内公园城市建设的具体任务和预期成果，并对公园城市建设相关政策文件中提出的目标和任务进一步细化和落实。

随着公园城市的建设，上海形成了包含国家（级）公园、区域公园（郊野公园）、城市公园、地区公园、社区公园（乡村公园）、微型（口袋）公园为主体的城乡公园体系。[1] 在上海公园体系中，不同公园具有不同的功能辐射半径和作用。国家公园作为提供科学研究和环境教育的场所，保护着大面积的自然生态系统和生物多样性；区域公园作为城市周边提供了休闲和户外活动的空间；城市公园位于城市中心或市区，在改善城市环境的同时，为市民提供日常休闲和娱乐的场所；地区公园和社区公园服务于特定地区或社区，提供本地居民休闲和社交的场所，发挥着增强社区凝聚力的作用；口袋公园利用城市中的小空间，提供绿色休闲场所，增加城市绿化覆盖率。上海公园城市建设从保护国家珍贵自然和文化资源，到为游客提供体验乡村生活平台，再到为市民提供丰富绿色空间，公园体系在实现国家发展目标、保护环境的同时，也在逐步贴近市民日常生活，为市民提供了丰富的休闲选择，提升了城市的生态品质。

"良好生态环境是最公平的公共产品，是最普惠的民生福祉。"根据 2020 年第七次全国人口普查数据，上海全市常住人口超 2000 万人，相比 2010 年增长 8%。同时，上海常住人口受教育程度快速提升，每 10 万人中具有大学文化程度的人口相比 2010 年提高了 55%。人口规模巨大、人口数量稳步增长以及人口素质快速提高对城市生态

---

[1] 陈玺撼：《2025 年绿色上海实现两个"1000"》，《解放日报》2021 年 8 月 6 日。

空间的数量和功能提出了更高要求。此外，超大城市内部空间的经济社会与环境差异广泛存在，具有高度复杂性，公共服务供给的效率与质量面临巨大挑战。作为全国人口最多，经济规模最大的城市，上海如何有效地为市民提供更好的生态空间，促进生产、生活、生态"三生空间"的融合，是美丽上海建设的重要任务。上海人口规模巨大，土地资源紧张，尤其是在市中心，很难建设大片的绿色公园。因此，不断提高公园城市的"质"与"量"，尤其是充分利用好已有绿色空间，成为上海建设公园的重要内容。

一是释放绿色空间存量，建设开放包容公园。针对绿色空间封闭性、绿色空间利用效率不高的问题，上海市基于"人民城市"理念，大力推进机关、企事业等单位附属绿地开放共享，以实现在有限的城市资源下优化绿色空间配置。通过开放提高市民的可达性，释放存量空间，用融合打破边界。2023 年，为加快实施单位附属绿地开放共享，提高建设质量和管理水平，上海市绿化委员会办公室发布了《上海市单位附属绿地开放共享实施办法（暂行）》《单位附属绿地开放共享建设技术导则（试行）》等政策性文件。同时，为了标准规范全市的附属绿地开放共享建设，绿化指导站、园科院不断推进《上海市单位附属绿地开放共享建设技术标准》的研讨与制定。

截至 2024 年 10 月，上海已完成超 100 个单位附属绿地向社会开放，在不改变绿地的所有权和土地使用性质的前提下，通过拆除围墙（围栏）、后退边界等手段，释放附属绿地，从而提高城市道路两侧的绿色视野比例。目前，上海开放附属绿地的主要单位类型包括政府、大学、科研机构、党群服务中心等事业单位，也包含商飞集团、大润发等企业，但总体上仍是以事业单位为主。未来，上海单位附属绿地的开放有望不断拓宽广度和增强深度。在广度上，不断纳入更多类型的单位，提高企业和社会机构的比例。在推动企业履行社会责任的同时，满足市民对绿地空间的需求。在深度上，促进单位开放更多公共设施，包括但不限于体育健身场地及设施等。

在上海体育科学研究所门前，曾经静静伫立着一座小天使喷泉，它以温柔的姿态，守护着这片知识的殿堂。上海体育科学研究所主动打开围墙，让出了约 1600 平方米的附属绿地，改造成总面积约 1800 平方米的"丽波·水漾"口袋公园。通过规划设计营造不同的氛围，形成了衡复印象、波光潋滟、镜湖草坪、绿树成荫等四大景观分区。利用有限的空间增加了景观坐凳供市民休憩；并通过开放性设计，将公园设计为无障碍的公共空间，方便了包括老年人、儿童和残疾人在内的所有市民使用。尤其是不仅保留了原有的小天使喷泉，而且让它优雅地旋转了 180 度，面向了熙熙攘攘的街道，展开了它的翅膀，准备拥抱每一位路过的市民，成为市民打卡热点。

二是实施公园无界管理和 24 小时开放。为了增加城市公园的绿色空间可达性，更好为市民服务，上海市开始对公园实施 24 小时开放和无界管理。公园管理采取无界融合的方式，就是通过拆除围墙，让公园与城市街区"无界"融合，使市民游客随时可及。这样就打破了传统公园与城市空间的物理和心理界限，使公园成为城市生活的一部分，而非孤立的绿地。在公园无界管理的实践中，闵行区探索推进 11 座公园城园融合、无界管理，以文化公园围墙打开为试点，区镇联手、部门联手，积极探索"1 + 1 + N"无界融合管理新举措。长宁区也不断推进传统公园与城市街面的无界融合，将中山公园、华山绿地以及虹桥公园等公园围墙进行了拆除，让公园成为城市的一部分。除此以外，浦东新区世纪公园的 3000 多米围墙也被拆除，并新增了 7 个人行出入口，推动了 140.3 公顷的绿色空间开放、共享和融合。

截至 2024 年 4 月，上海 477 座城市公园中已有 335 座实现了 24 小时开放，占比 70.23%。其中，长宁区 18 座区属公园中的 16 座已实现 24 小时开放；普陀区 24 小时开放公园总数达到 17 座，包括 7 座已实行 24 小时开放的无围墙公园；奉贤区列入上海市城市公园名录的 37 座公园中，有 33 座公园实现 24 小时开放，开放率达 89%。随着 24 小时开放的公园数量不断增多，上海市绿化和市容管理局制定了《上海市城市公园实行 24 小时开放管理指引（试行）》，更好地提升 24 小时开放公园的服务水平和管理规范性。

上海坚持"公园姓公"的理念，打破传统公园的界限，将绿色空间与城市生活紧密融合，让公园成为全天候服务市民的公共空间，有效满足市民对公园开放共享的新需求，为市民提供了更多的休闲选择，增加了城市的活力。公园不再是孤立的绿地，而是与城市空间无缝连接，成为城市生活的一部分。这样一个更加开放、包容和便捷的城市公园系统，为市民提供了一个既能够享受自然之美，又能够体验文化交融的理想空间；既彰显了公园的公共属性，又体现了开放包容的"上海精神"。

三是挖掘公共空间的"边角料"，提高公园治理的"精细度"。黄兴路上的内环高架在中山北二路拐弯，在街角处留有一片数千平方米的光照不足区域。为"唤醒"死角，杨浦在将其改造成口袋公园时，紧抓"光照"和"实用"来做文章：在晒得到一米宽阳光的地方梳理绿化，增设步道和休憩设施，引导路人来"孵太阳"；在光照较差的地方，种植耐阴花境；同时还涂刷美化了桥柱。

口袋公园，就是依托城市道路、商业街区或居住区等建设的小型公共开放空间，面积在 400 平方米至 1 万平方米。这些公园虽小，却各具特色，功能丰富。"麻雀虽小五脏俱全"，已成为当前上海口袋公

图4-4　冬雪后的彰武路鞍山路口"口袋公园"

园规划设计的一项原则。可谓在"螺蛳壳"中做出了具有上海特色的
"道场"，实现了人性化设计和精细化管理。

　　口袋公园不仅仅发挥着绿化修饰的作用，更着眼于将绿色生态与
城市生活紧密结合，具备休憩交往、运动健身、儿童游戏、文化展示
等功能，尤其是考虑到了不同年龄层的需求，从儿童的游乐设施到成
人的休闲座椅，从老人的晨练空间到年轻人的社交角落，并在设计中
融入了上海特有的文化元素，体现了对历史文化的尊重和保护，使
得这些公园不仅是绿色的休憩地，也是城市文化的展示窗口，让市
民在享受绿色空间的同时，能够感受到城市的历史和文化，每个细节
都体现了设计的人性化和对居民需求的深刻理解。上海一直在不断挖
掘公共空间的"边角料"资源，打造口袋公园等各具特色的小微绿色
空间。

　　在口袋公园设计建设上，制定了《上海市口袋公园建设技术导

则》，对口袋公园的规划、设计、建设和管理工作进行指导；在口袋公园管理上，出台了《上海市口袋公园管理指导意见（试行）》，并推动绿化管理部门、公安、城管等部门共同参与口袋公园的秩序维护。[1]除此以外，绿化指导站联合相关大学科研团队，对30个上海典型口袋公园内外的空气温度、相对湿度、风速等气象数据进行实测，构建口袋公园生态服务价值数据库，总结已建成的口袋公园的生态服务效果，为上海口袋公园建设提供数据支撑。

截至2024年6月底，上海全市共建成并开放口袋公园36座。"新建改建60座口袋公园"纳入了市委、市政府2024年为民办实事项目。上海市中心300公里长的高架桥下，原本阴暗的区域被改造成了市民喜爱的公共活动场所。已建成的口袋公园各具风格，包括历史文化型、绿地开放型、植物特色型和儿童友好型等，满足群众对不同类型休憩区域的需求。黄浦区通过协调相关部门与单位理清权属关系，将原本位于马当路复兴中路路口的一片杂乱的闲置工地修建成了一处占地面积约5000平方米的口袋公园——追梦园。追梦园不仅是一个供市民休憩和享受自然的场所，还具有文化宣传、公益服务和鲜花售卖等功能。园内设有市民园艺中心，居民和白领们可以在这里购买种球、鲜切花以及园艺资材，如基质、肥料、花盆等。此外，园艺中心还会教授植物养护、盆栽种植等知识，并在特定节日免费送出鲜花，一定程度上满足了周围居民和上班族对高品质生活的需求。

四是不断提升公园价值，赋能"公园+"与"+公园"。上海依托城市公园体系，将传统公园的自然景观与城市的多元功能相结合，形成"公园+"和"+公园"模式，不断提高城市公共空间的利用效率，

---

[1]　吴琼、李志刚、吴闽：《城市口袋公园研究现状与发展趋势》，《地球信息科学学报》2023年第12期。

满足居民多元化的精神文化需求。"公园＋"和"＋公园"两种模式相结合，不仅增加了城市的绿化面积，改善了生态环境，还通过融入文化、体育、休闲等元素，增强了公园的功能性和互动性。

"公园＋"和"＋公园"模式也是城市文化展示的窗口。通过公园内的文化设施和活动，展示上海的历史、艺术和现代风貌，提升城市的文化软实力。《关于推进上海市公园城市建设的指导意见》中指出，"公园＋"和"＋公园"模式是面向所有人群的空间需求，加强公园与体育、文化、旅游等各类功能的有机融合，通过功能的互补与联动整体提升城市品质。同样，《上海市"十四五"期间公园城市建设实施方案》对"十四五"期间新建改建的公园要求增加体育、文化、音乐、艺术、戏曲、红色资源等元素，创建各类主题公园。[1]

公园＋艺术，公园＋体育，公园＋科普……在开放的公园里，市民们可以去复兴公园听科普讲座，去古猗园体验非遗文化，去辰山植物园参加草地音乐节。其中，闵行公园以航天主题为特色，不仅保留了老闵行的历史文化底蕴，还融入了航天科技的现代元素，使其成为融合传统与创新的城市公园；华山儿童公园与少年儿童出版社知名IP"十万个为什么"进行深入合作，全新打造以"十万个为什么"为主题的儿童科普公园；徐家汇公园、滨江森林公园、虹桥体育公园等公园通过将篮球、乒乓球、跑步等项目嵌入公园，为公园注入新的活力；静安区与上海戏剧学院和上大美院开展长期战略合作，在静安雕塑公园举办"绘生·着色"艺术展，以雕塑公园艺术中心为流动舞台，营造了独特的"公园＋艺术"氛围。

陆家嘴中心绿地公园位于上海浦东新区的核心地带，四周环绕着

---

[1] 金云峰、陈栋菲、王淳淳等：《公园城市思想下的城市公共开放空间内生活力营造途径探究——以上海徐汇滨水空间更新为例》，《中国城市林业》2019 年第 5 期。

图 4-5　静安雕塑公园

众多摩天大楼，包括上海环球金融中心、金茂大厦和上海中心大厦等标志性建筑。这片绿地的主要受众为在金融贸易区内工作的大量白领。陆家嘴中心绿地公园提供了充足的休息和放松的环境，并在绿地内设置了篮球场、儿童活动场地和环通跑步绿道，满足了周边居民和楼宇白领的健身休闲需求。同时，绿地的改造也考虑到了白领的通行便利性，通过增设出入口和改善交通流线，使得绿地成了一个便捷的通道，方便白领上下班穿行，还可以在午休时间或者下班后来到这里放松身心，享受片刻的宁静。此外，陆家嘴中心绿地还融合了咖啡文化，形成了独特的"公园+咖啡"特色，通过与顶尖精品咖啡馆的合作，定期为游客带来新颖的咖啡享受，将生态与休闲文化相结合，吸引了大量国内外游客前来游览，体验上海的城市魅力。

上海世博文化公园作为城市公园的典范，在公园城市建设中扮演着关键角色。它不仅为城市带来了生态上的益处，而且在文化传承和交流方面也起到了桥梁作用。世博公园保留并再利用了世博会的标志性建筑，成为展现多元文化和国际交流的窗口。作为市民休闲和健身的场所，世博公园提供了一个放松身心、享受自然的空间，同时也是举办各类公共活动的舞台，体现了城市的包容性和活力。世博公园通过其独特的设计和文化元素，不仅增强了城市的美观度，也成了展示上海现代化和文化特色的重要场所。例如，"扇"形大歌剧院、"谷"状马术中心等建筑展现了上海的城市形象和文化魅力；公园内的申园，以其江南园林的特色，向世界展示了中国传统园林艺术的精髓。此外，世博公园还通过整合文化、体育和旅游资源，推出了全域旅游线路，为游客提供了丰富的体验，吸引了大量外地游客，提升了上海的旅游吸引力和城市形象。

"绿水青山就是金山银山"。上海公园城市的建设在推动周边社区改造的同时，推动了周边产业转型升级，促进了经济社会的绿色低碳转型和高质量发展。上海市加强区域整体设计，鼓励对重点地区和成片开发区域进行统筹布局，形成绿色开放空间，提升区域环境品质，从而吸引产业和人才，推动产业转型升级。同时，建设公园城市示范点。结合产业园区的转型升级，创建"公园城市示范点"，促进区域功能的完善和融合创新，增强对企业和人才的吸引力。在公园城市建设过程中，上海注重绿色低碳理念的融入，建立了碳排放双控管理体系，推动能源结构优化，实施"光伏+"工程，促进产业结构调整，建设绿色制造示范单位和"零碳"示范单位，为经济社会的绿色低碳转型提供了有力支持。

五是提高管理效率，共建共治共享。随着越来越多的公园实行开放、"公园+"和"+公园"功能不断扩展，市民对公园开放共享的需求得到了有效满足，公园的公共属性得到了彰显。然而，随之而来的公园治理问题也逐步凸显。如何在保障市民享受公园带来的便利与舒适的同时，确保公园的有序管理和可持续发展，为公园其他功能的发挥提供管理支撑，成为上海城市治理者亟须解决的问题。

上海的公园建设与治理采取了多方协同的模式，整合了政府、社会和市民三方力量，通过政府引导、市场机制和市民参与的方式完成公园的运营。在"政府—市场—市民"模式下，政府负责制定政策和规划，确保公园的公益性和服务质量，同时通过法规和资金支持公园的建设和维护。社会资本通过公开招标和竞争性谈判等方式进入公园的配套服务领域，如餐饮和零售，以品牌化和专业化的运营模式提升服务水平。市民通过"市民园长"、志愿者等形式参与公园的规划、建设和管理。这种模式激励企业、非政府组织以及普通市民参与到公园的规划、建设和管理的全过程中，实现公园管理的高效和可持续发展，共同构建了一个由政府、社会和市民三方参与的公园发展的多元模式。

2017年，上海市绿化和市容管理局组织世博文化公园建设市民"金点子"征集活动，共回收调查问卷20000多份，其中"金点子"1800多条。此外，就闵行文化公园是否24小时开放问题，相关部门组织公园周边商区、校区、居民区300多位市民，与人大代表、政协委员、园林专家及公共事务管理专家展开热烈讨论，共同推动城市公园更好地为人民服务。为了让更多的市民有兴趣参与到公园建设中，上海公园力争打造全龄段的公共活动空间，不仅为老年人提供休闲娱乐的场所，也通过不断提升公园的功能和品质，吸引更多年轻人走进公园放松身心、调整状态，为公园的建设建言献策。

早在公园城市理念正式提出之前，上海便已在积极探索并实践"市民园长制"。这一制度自2015年在闵行区先行试点，随后逐步推广至全市各大公园。上海市民园长制是一种创新的公园管理方式，它采用专职园长与市民园长的"双轨制"模式，旨在提升公园的管理效能和服务品质，凸显公园管理的公益性和社会参与性。在此模式下，专职园长承担起公园的日常专业管理职责，而市民园长则参与到公园管理中，成为连接管理者与市民游客的桥梁，积极收集并反映社会公众对公园建设的意见和建议，协助维护公园环境和秩序。市民园长还需接受专业培训，以提高其管理能力，并通过考核机制确保其职责的有效履行。此外，"市民园长制"的实施还强调多部门的协同合作，各区与公安、环卫、城管等部门的联动，不仅强化了公园管理，还激发了居民的自治活力，营造了共建共享的良好氛围。这一制度已成为公园管理和服务的有力补充，显著提升了公园的文明形象和市民的游园体验。

为了更好地解决公园开放带来的治理问题、支撑"公园＋"模式，上海公园大力推广智慧运营管理，通过数字化手段，实现对公园资源环境、基础设施、游客活动及灾害风险的全面、系统、即时感知与精细化管理，提升公园的服务水平和管理效能，增强了市民的获得感和幸福感。《上海市公园城市规划建设导则》提到，要提升公园城市的数字化管理水平，提高各级公园的 5G 网络覆盖率，支撑公园城市的精准化服务及精细化管理，开发公园城市应用场景。《2023 年上海市绿化和市容管理局"一网统管"工作要点》指出，要以公园数字化综合监管平台为基础，进一步完善全市特色公园基础信息和重点公园游客量动态数据，以"方便入园、舒适游园、体现特色"为目标，从找、去、逛、评等方面，增加探索与科普的乐趣，进一步挖掘公园的探索性、新颖性、分享性、互动性、科普性等应用，提升市民游园体验。

在智慧运营管理实践中，世纪公园通过采用大数据、物联网、人工智能以及无人机巡查等现代科技手段，实现了对公园的全面智能监控与管理。利用智能巡查系统，公园能够即时监控设施运作和人员流动，以便快速发现并解决问题；利用环境监测系统，公园管理者可以实时跟踪园内的环境状况。同时，智能安防系统通过高清摄像头和报警装置等，对公园实施全天候的安全监控，保障游客的安全。

上海公园城市的建设推动了上海绿色发展的进程，满足了市民对于城市绿色空间和精神文化的需求。单位附属绿地的开放、口袋公园的建设等措施极大程度上解决了超大城市、超多人口背景下新建大型公园的难题，充分利用了现有的公园资源，提高公园潜在资源的利用效率，有助于缓解城市绿地分布不均的问题，提升了城市公园绿地布局的均衡性，为市民提供了高品质的绿色休憩空间。同时，单位附属绿地的开放使得部分单位原有的围墙被拆除，对于城市交通优化和规划也具有重要意义。

上海公园城市发展进程中相关部门通过"金点子""市民园长制"等途径带动市民共同参与公园城市建设，并在公园建成后不断扩宽公园的使用时间和范围，提升公园的可达性，增强了市民对城市的认同感和归属感，提高了城市的凝聚力。上海通过政府与社会的合作，让公园城市建设达到"事半功倍"的效果，这为上海公园城市接下来的发展和其他城市公园城市建设提供了宝贵经验。

上海公园城市建设实践，坚持以人民为中心，充分考虑市民的需求和福祉，不仅是城市绿化和生态建设的一次飞跃，更是对"人民城市人民建，人民城市为人民"重要理念的深刻诠释。上海打破公园的传统定义，公园城市的"公园+"规划让公园不只是公园，为公园注入新活力，扩宽公园的传统功能，融入文化、体育等多元要素，提升了城市公园的服务功能，满足了居民的多功能需求，也给公园城市赋予了新的内涵。

三、人民满意：评判公园的依据

公园作为城市公共服务的重要组成部分，是广大市民日常生活中接触频率最高的生态产品载体。用于建设各类公园的空间与土地资源是有限的。如何提高公园品质，以更好满足人民群众对美好生活和优美环境的需要，要对城市公园的建设与管理进行深入探究。因此，从公众需求角度，评估城市公园的品质、探究影响城市公园品质的因素，以及深入分析这些因素如何进一步影响城市公园及其生态产品的供需关系，是建设人民城市的重要体现。

这里，以上海市绿化与市容管理局官网星级公园名录为基础，筛选在社交媒体（微博、大众点评）中存在单独页面的公园作为研究对象，对公园的客观条件与社交媒体满意度进行测量，揭示不同公园特征对社交媒体满意度的影响力度，以便优化上海市公园的供给配置。影响公众满意度的公园要素特征如表4-1所示。

表4-1 公园的公众满意度构成要素

维　度		特　征
自身属性		坐标、星级、类型、水体面积
可达性		公交车站、地铁站、出租车停靠点
POI供给	文娱	剧院、博物馆、电影院、美食广场等
	商业	便利店、超市、银行、百货商店、珠宝商店、美妆店等
	餐饮	咖啡馆、酒吧、快餐店、面包房、饭店等
	运动	体育馆、游泳池、足球场、高尔夫球场、溜冰场、操场等
社会经济特征		行政区、行政区面积、区级GDP、区级人口密度等

对于公园自身属性,学界采用诸如面积、景观形状指数、蓝绿空间覆盖率、生境斑块、生物多样性等指标进行衡量。这里选用了星级、类型、水体面积等特征进行度量。其中,公园星级的确定由上海市绿化市容局根据《上海市城市公园实施分类分级管理指导意见》对公园基础设施与服务水平进行评分,最终评选出基本级、二星级、三星级、四星级与五星级五个等级;评分细则包含园艺护养、园容卫生、设施维护与规范服务四大板块,全面评估公园的供给水平,因此选择公园星级对上述复杂指标进行替代;对于可达性,本次研究考察以公园中心坐标为圆心,半径为 500 米、1000 米与 1500 米的缓冲区,通过对落在缓冲区内的公交车站、地铁站以及出租车停靠点等交通设施进行计数,以反映公园的交通便捷程度;针对 POI(Point of Interest)而言,本次研究选择了文娱、商业、餐饮以及运动类 POI,并考察以公园中心坐标为圆心,以"15 分钟社区生活圈"的视角,分别选择半径为 500 米、1000 米与 1500 米的缓冲区,分析 POI 的空间分布情况。社交媒体的满意度,是根据微博对应地点的签到数据以及大众点评中对公园的评分数据计算所得。

从上海在社交媒体关键指标中均排行前 25% 的典型公园中,筛选出每个公园文本数据中出现次数最多的代表性词汇。根据高频词汇、公园字段与周边地理环境归纳高社交媒体活跃的公园服务类型。典型公园名单与词频分析如表 4-2 所示。

表 4-2　典型公园词频分词

典型公园	高频词汇	特征概述
古猗园	荷花、园林、蜡梅、春天、睡莲、打卡、小笼包、老街、古镇、秋色、汉服、莲叶、绿竹、夏日、冬日、红梅	上海市五大名园之一,周边有地铁站

（续表）

典型公园	高频词汇	特征概述
秋霞圃	秋天、园林、枫叶、古典、深秋、红叶、阳光、江南、老街、银杏、霜叶、城隍庙、桂花	上海市五大名园之一，周边有嘉定博物馆、陆俨少艺术院、嘉定中医医院以及商场，处于嘉定区核心区域，并以赏枫为特色
上海汽车博览公园	汽车、博物馆、周末、野餐、露营、房车、春天、秋天、车站、跑步、运动、直播、电影、音乐	以各国汽车与风情建筑为特色，面积巨大且有广阔水体，提供野餐、露营、赏花以及划船等服务
远香湖公园	露营、野餐、湖边、帐篷、荷花、夏日、散步、钓鱼、剧院、健身	嘉定新城核心景观，湖边有嘉定区图书馆、保利大剧院、江南书局等设施，提供骑行、露营以及放风筝的场地
陆家嘴中心绿地	咖啡节、秋日、上班、特调、银杏、冰激凌、工作、金融城、美食、草地、音乐、浪漫、万圣节	位于东方明珠旁，被商业中心与写字楼环绕，为旅游人士与周边办公人士提供绿地服务
世博公园	银杏、骑行、秋日、周末、江边、春天、野餐、散步、滨江、晒太阳、樱花、天鹅、鸭子、海棠、梅花、梨花	由上海世博会建筑场馆改建而来，基础设施完备，景色优美，大量游客在公园内赏花、骑行、徒步或露营
友城公园	前滩、滨江、黄浦江、骑行、海洋、夕阳、小朋友、吹风、樱花、野餐、滑板、货船、长椅、情侣	紧邻浦发银行东方体育中心与前滩休闲公园，位于黄浦江与川杨河交汇处，景色优美
星愿公园	迪士尼、小镇、乐园、春天、公主、湖边、游乐场、赏花、圣诞、童话、冰激凌	与迪士尼小镇隔湖相望，提供花园、儿童乐园、游乐场等可供儿童玩耍的基础设施
松江区中央公园	野餐、风筝、春天、阳光、小朋友	松江新城核心景观，紧邻松江区人民政府、松江区青少年活动中心、上海外国语大学松江校区和对外经贸大学松江校区
南园公园	郁金香、梅花、海棠、樱花、遛娃	临江，且紧邻商场，为周边居民提供绿地服务

（续表）

典型公园	高频词汇	特征概述
静安公园	静安寺、生活、快乐、好吃、周末、朋友	被商业中心和写字楼环绕，紧邻静安寺，交通便利，为购物人士与周边办公人士提供绿地服务
静安雕塑公园	春天、樱花、梅花、雕塑、郁金香、晒太阳、艺术	紧邻上海自然博物馆，周边有地铁站，提供诸如雕塑、赏花等美学服务
莘庄梅园	梅花、春天、龙游、池塘、骑行、垂钓	集梅花研究、栽培与观赏为一体的特色公园，交通方便，可野餐与露营
宝山滨江公园	日出、滨江、浪漫、日落、长江、烟花、露营、夕阳、骑车、天空	紧邻上海淞沪抗战纪念馆，交通不便，周边无大型商业中心，但由于具有临海地理优势，是上海市民看海、观赏海上日出日落的打卡地
古华公园	荷花、园林、金桂、爱情、古色古香、亭台楼阁、深秋、游古、小桥流水、游舫、汉服	交通不便且周围没有商业中心，但具有鲜明的江南园林风貌，且提供游船等服务
四季生态园	野餐、庄园、春天、秋天、唐顿、城堡、打卡、英伦、别墅、游艇	紧靠上海之鱼，内部的英国园在小红书上被称为"上海版唐顿庄园"，吸引大量新婚夫妇在此拍摄婚纱照
曲水园	古典、曲水流觞、名园、精致、蜡梅、初冬、菊花、深秋、动漫、张灯结彩	上海市五大名园之一，紧邻青浦的城隍庙，滨河且周边有购物中心
新虹桥中心花园	周末、春光、绿地、秋天、草坪、烧烤、樱花	交通便利，提供羽毛球场、篮球场、跑道等运动设施，并有樱花林等景色，周边有多个商场，满足周边居民日常化需要

各类公园特色鲜明。有建筑景观公园，如古猗园、秋霞圃、古华公园与曲水园等古典园林景观；还有上海汽车博览公园、四季生态园

的各国风情建筑。自然景观公园又可进一步分为植被景观与水域景观，如宝山滨江公园、友城公园等，另一些公园以湖泊作为其核心景观，例如远香湖公园，为游客提供了丰富的多感官体验，使其沉浸于大自然，获得身心愉悦。其他还有野餐与露营场地类公园和运动场地与设施类公园，等等。

这些公园除具有基础设施供给充足、景观规划良好等优势之外，还依托公园自身特质，打造独特的互联网IP，并以这些IP带动周边餐饮、购物、酒店等协同发展，打造消费经济圈。以四季生态园为例，四季生态园以各类鲜花、各国风情建筑为特色，围绕"浪漫""雅致"等概念，在大众点评、微博、小红书、微信公众号等各大社交媒体平台进行宣发，吸引上海市民前来赏花、约拍。另外，还有一些公园通过举办文化艺术展、体育竞技、文创市集等活动，提升自身热度。陆家嘴中心绿地依托自身区位优势，吸引周边金融从业者，大力举办咖啡节、音乐节等文化艺术活动，成为上班族休闲娱乐的重要场所。上海汽车博览公园通过举办汽车文化节、定向锦标赛等会展与比赛，持续打造自身特色IP。

一些公园的负面点评主要集中在：儿童游乐、游船、餐饮等服务项目或设施不足；内部管理混乱，规章制度人性化不足打击了游客积极性，例如不允许自行车、溜冰鞋等进入，草坪不对游客开放等；内部保洁能力不足。还有一些郊区公园，使用率偏低等。未来公园建设，不应仅仅局限于数量的盲目累积与地域的快速扩张，而应转向对质量与需求精准对接的更高追求。每个公园都应深入挖掘并强化自身特色，打造独一无二的品牌IP，为市民提供具有特色且富有吸引力的文化娱乐服务，满足其日益增长的多元化需求。

四、"你好和平"：公园改造的典范

　　和平公园，位于上海市虹口区，是一座占地面积达264亩的综合性公园，其中水域面积50亩。公园始建于1958年，初名提篮公园，后因园内和平鸽石雕而更名为和平公园。园内景致优美，设有百花园、花果山、湖心亭等特色景点，以及动物馆、水族馆等展馆，为游客提供丰富的观赏体验。和平公园还承载着历史的记忆，园址原为弹药库，如今已转变为市民休闲娱乐的重要场所，也是国家AAA级旅游风景区。

　　上海和平公园在"公园+"理念指导下，围绕无界、焕新、互动三大设计理念，统筹空间、风貌、功能三大体系，在打造具有上海特色、虹口特色、和平特色的新景观的同时，激活和扩充多重角色。和平公园在提升生态环境、实现生态功能的基础上，具备12项全新赋能：+自然教育课堂、+全龄段健身、+动物记忆、+萌宠狗乐园、+韧性城市、+智慧跑道、+海绵城市、+互动式儿童乐园、+智慧公园、+园艺市集、+生境花园、+生态科普。打开围墙，无界融合，打造城市重要活力公园——公园·社区·家，探索公园复合功能，凸显新风貌。

　　周边街区的改造是重要的辐射和拓展。"环和平公园美丽街区改造项目"旨在以公园的记忆留存、虹镇老街的追忆、生态康养的留痕为特色，聚焦"点线面"多空间层级，立足老幼友好目标，开展边界空间设计，营造具有人情味、品质感、叙事性和意境化的街区环境。将原本密闭单一的沿街绿化改造为公共开放空间，为居民就近开展休闲游憩、社会交往提供更多绿色公共空间。以综合公园生态社区、康养智慧社区、创新社区营造手法，实现和平公园及其周边区域从虹镇老街到国际化社区的转型。

周边街区改造实现了硬件美观性和市民幸福感的同步提升。创新实用性设计，沿街面新设特色灯柱，灯柱间的不锈钢横杆转化为晾衣竿，有效满足居民的日常生活需求。新港路天宝路交会处，绿地内新辟小径，在提升绿化景观的同时，缓解了人行道狭窄不便通行的问题。与和平公园内的自然宣教相呼应，周边绿地内设置了一些植物扫码牌，利用数字化手段科普植物属性、生长条件等知识，并针对低龄儿童设计绘本和有声故事，提升科普形式的互动性、便捷性。科技时尚元素的融入也是一大亮点。畅心园内的廊架顶部安装 LED 太阳能储能液晶屏幕，不仅向市民和游客展示虹口的百年巨变，还有效利用清洁能源，践行可持续生态发展理念。

课题组采用现场研究方法，对上海市和平公园的使用人群及其需求、感受开展调查。行为观察的时段为非工作日 10:00—12:00 及 14:00—16:00；行为观察的样本量为 120 人。基于公园内不同组成部分的重要性和使用频率，以及它们在满足不同用户需求方面的关键作用，选择在和平公园绿地、主要活动设施（健身器械、长椅等）、步道、配套设施（图书馆、碳秘馆等）等位置进行定点观察。主要活动分类为：文化娱乐（乐器演奏、下棋等）、商业活动（食品买卖等）、体育活动（跑步、放风筝、打球等）、休闲活动（聊天、饮食等）、其他活动（穿行、环卫作业等）。见表 4-3。

表4-3　和平公园行为观察数据（样本量：120 人）

类别	年龄	人数	所占比例	主要活动类型
儿童	0—12 岁	21	17.5%	休闲活动
少年	12—19 岁	13	10.8%	休闲活动、文化娱乐、体育活动
青年	20—34 岁	18	15.0%	休闲活动、体育活动、商业活动
中年	35—59 岁	49	40.8%	休闲活动、体育活动
老年	60 岁及以上	19	15.8%	休闲活动、体育活动、文化娱乐

可见，和平公园在满足休闲场所需求外，还融合了文化、娱乐、体育、商业等多种功能。同时，和平公园能满足不同年龄段人群需求，覆盖人群广泛，充分体现了城市公园的包容性特征。使用人群多结伴出行，如在阅读区域绝大部分为亲子共读，在绿地区域绝大部分为朋友、家人共坐交谈，促进使用人群间的交谈、分享、合作等。

图 4-6　和平公园实拍图

选取 5 位和平公园使用者进行深度访谈，进一步挖掘使用者及周边居住者对公园及周边街区改造的感受、对公园活力营造的看法。访谈对象的选取覆盖不同年龄、性别和职业群体。见表 4-4。

表 4-4　和平公园使用人群访谈

编号	年龄	性别	特　　征
A	34 岁	女	教师，居住在附近街区，5 年
B	68 岁	男	退休，居住在附近街区，长年
C	28 岁	女	上班族，有稳定双休，经常来访，不居住在附近
D	45 岁	男	上班族，居住在稍远一些的街区，步行可达
E	21 岁	女	大学生，学校地铁可达

受访者普遍认为和平公园的改造提升了公园的整体美观度和功能性，对周边社区产生了积极影响，更大范围内提升了人居环境的舒适度和社区活力。受访者 B 自小居住在和平公园周边，在访谈中提及

"小时候这里有海洋馆，有传承了几十年的糖画艺人，改造前的动物岛让我印象深刻"，而在改造后，和平公园内"喂鸽子"等传统项目被保留下来，同时还增加了自然教育中心等寓教于乐的设施，一定程度上"弥补了动物岛关闭的遗憾"。而受访者 C 和 E 则都提到对公园里的花、草、水、桥等景观印象深刻，虽不居住在附近街区，但他们将和平公园视作一个"可以常来"的休憩之地。可见，和平公园打造的"四季有景、月月有花"的公园优美绿化环境，已经吸引了大批周边居民和更大范围内的活动人群。

和平公园文化活力的营造也被大部分受访者认可。受访者 A 经常与自己的孩子来到和平公园读书，"（和平公园的）少儿阅读馆是一个非常适合亲子共读的地方，这里很安静、很温馨"，形成与其他图书馆和书店差异化的文化标签。"有时我也会让孩子在这里阅读，自己去公园里走走"，可见公园绿地等自然景观与图书馆等文化设施相辅相成的设计巧妙地为使用者提供了一个独处和共享叠加的多功能空间，拓展了个体的心理体验和心灵视野，增强自然生态与文化娱乐的独特链接黏性。

"全域公园、无界融合"的理念也在和平公园中得到体现。多位受访者对此给予了积极评价，提到"（和平）公园很有人气、烟火气"。受访者 B 提到，他经常和邻居们一起到公园打太极、唱歌。公园提供了丰富的活动场地，成为促进社区成员之间交流互动的重要平台。同时，和平公园兼具开放性与包容性，为不同年龄、不同背景的周边居民提供了一个共同的休闲空间，从而增强社区的凝聚力。

受访者也提出了对"公园+"的更多创想。如增加更多适合老年人的活动（如太极课程），增加无线网络覆盖和学习空间以满足学生群体的需求，举办更多文化活动唤醒上海记忆和虹口记忆，等等。

　　为探析文化艺术活动在和平公园活力营造中的作用，本次研究选取"你好和平"实践案例展，通过调研、访谈等形式，探讨以自然化空间和艺术化媒介激发和平公园活力的途径。"你好和平"虹口区和平公园实践案例展是2023上海城市空间艺术季的系列活动之一。结合和平公园整体改造的背景，呼应"共栖"主题定制短期布展项目，开展AIGC数字共栖设计工作坊、生态影像工作坊、共栖行走等6场契合公园特色的论坛和工作坊，将展览与空间艺术活动交织对应。

　　本次研究对"你好和平"活动策展人杨丹进行深度访谈。杨丹在访谈中强调，"你好和平"将自然、生命、空间、艺术连接在一起，以"更亲民的、大家都能参与起来的方式"，让人和展览内容之间和公园之间，用一种对话的方式去连接。展览具有广泛的包容性，互动性的设计不仅吸引了很多青少年的兴趣，也通过艺术性空间唤醒了很多老年人对于"老和平公园"的记忆，实现代际之间的文化共鸣和对话。

　　基于和平公园的自然生态特点，"你好和平"活动设计了针对青少年的自然互动与科普，让和平公园的使用人群建构和理解公园的自然生态和日常生活空间的关系，用生动、轻松的方式培养"对生态和环境的意识"。而中青年和老年群体，则通过公园和街区行走（City walk）等方式，与公园和城市空间建立起新的联系。

　　"你好和平"展览是虹口区及和平公园探索生态与文化活力相互激发的新尝试，根植于和平公园的生态场地特性，通过提取公园原有的元素，如动物岛等特色，使得展览与公园的历史、生态元素与文化艺术形式相呼应。杨丹也提到，艺术介入和公众参与是和平公园发展"对话的开始"，期待为和平公园带来新的活力，也使得文化活动更加贴近市民的日常生活。未来，"你好和平"将走向"你好城市"，探索上海公园城市建设中更多的可能性和典型性，让文化艺术在上海公园城市体系中发挥更强大和灵活的作用。

图 4-7 "你好和平"活动现场图

公园城市理念与目标下，城市公共开放空间治理的价值观注重空间在生态、文化、经济、社会各层面的内涵式发展。[1] 在"公园 +"和"+ 公园"理念框架下，公园城市体系的内生活力营造路径有基础性、驱动性、根本性三大要素。

（1）基础性要素：生态活力的激发与夯实。作为城市生态的重要组成部分，和平公园及其周边街区的生态本底的修复与优化是其更新改造的基础。生态活力的激发与夯实既有助于孕育公园内生物多样性，也将提升城市公共空间发展的可持续性，重塑城市活力。[2] 立足自然角度，修复公园生境，重构水系、山林、草甸、花境等景观元素，修护公园原有的自然山水本底，实现生态功能与美学形式的有机统一。保留原有的骨架乔木，梳理中下层郁闭绿地空间，增加下层地被品种植物，以增强生态系统的稳定性和多样性。水生态体系修复通过去除淤泥、多梯度种

---

[1] 马唯为、金云峰：《城市休闲空间发展理念下公园绿地设计方法研究》，《中国城市林业》2016 年第 1 期。

[2] 金云峰、陈栋菲、王淳淳等：《公园城市思想下的城市公共开放空间内生活力营造途径探究——以上海徐汇滨水空间更新为例》，《中国城市林业》2019 年第 5 期。

植水生植物、养殖鱼虾动物、增设自动循环设备等措施，在提升湖泊美观度的同时，增强公园作为城市绿肺的生态服务功能。

基于优美生态环境需求，通过精心规划绿化和生态恢复项目，和平公园有效满足了市民对生态产品的需求和生态安全的需要。经过植物种质资源的创新和近自然植物群落的建植，和平公园生物多样性丰富，在这一基础上生发的文化、社会价值十分可观。从"动物岛"到"生态岛"，和平公园基于原有生态肌理，打造声景融合的记忆展区，营造兼具生态性与趣味性的自然生态空间，让生态修复、生态保护、生态教育、生态经济等多方面相辅相成。

（2）驱动性要素：文化、经济活力的实现和发展。和平公园及其周边街区建设以人民性为基调，让居民参与到公园和街区创建、使用、更新的全过程之中，引导居民以文化自觉展开地域价值的再创造，在延续和发扬文化性的同时激发经济活力。在公园本体更新改造的同时，辐射周边街区，带动更大区域发展，提升综合效益，文化的激活和经济的发展互相作用。

一是特色场景构造，形成既有独特性、又有共通性的街区记忆。和平书院是上海首个 24 小时公园图书馆，为公众提供了一个集休闲阅读、深度自习、行走阅读和陪伴阅读于一体的文化空间，同时图书馆与公园场景自然衔接，满足不同人群的个性化需求。通过各类文化展览、艺术空间，用媒介技术唤醒自然记忆，并让记忆以符号、痕迹或文字等形式得以外化，"动物岛"形象通过生态岛上的声效、景观及专题展览等形式，连接起周边街区代际之间的记忆纽带，并通过新的艺术和技术呈现形式，让共同的街区记忆焕发新的、独特的生命力。大隐书局刊茶社是全国首家期刊主题书店，将上海、虹口、和平公园的文化特色相融，打造在地域场所载体下独特的文化标签。而

"碳秘馆"则与虹口的产业经济发展紧密关联。通过丰富的展示内容和互动体验，碳秘馆成为低碳科普的新地标，这与虹口区绿色低碳的产业图谱一脉相承，为绿色技术、绿色贸易成果的展示提供新场景。

二是互动体验提升，形成具有交互性的文化共生体。多元化的文化活动，如论坛、工作坊、共栖行走等，让周边居民更直接地参与到公园的文化创建中，让人与人、人与自然之间形成链接感更强的文化共生体。在丰富文化性的同时，提升趣味性，打造沉浸式儿童文化娱乐空间，设计具有亲子互动、儿童交友、感知训练等多重功能的游乐设施，结合儿童阅读、亲子共读等文化场域及自然教育中心、碳秘馆等科普场所，动静结合，丰富互动场景，塑造连接更紧密、富有生命力的交互体验。

三是智慧服务搭建，形成具有时代性和品质感的公共空间新范例。和平公园设置了全国首套智能室外健身器械。沿主园路设置 1.5 公里的智能跑道，运用同济大学自主智能无人系统科学技术，是创新前沿科技与公园传统服务有机融合的新探索。跑道沿线设有多个运动采集智能设备，可为居民提供锻炼指导，实现运动的数据化、可视化、科学化。不定期的 AIGC 工作坊、科技交流会等，不仅促进了技术和文化教育传播，也有效提升了区域品牌形象。

（3）根本性要素：社会活力的达成与重塑。作为城市公共开放空间，和平公园及其周边街区承担着容纳社会生活和社会交往的功能，是融入"街区"和"社区"概念、塑造社会公平与包容性的集中展现。在公园和周边街区的联系、融合、共建中，公共性的营造促进了其空间元素"异质性"的实现[1]，容纳多元人群、活动、社会元素共

---

[1] 金云峰、张新然：《基于公共性视角的城市附属绿地景观设计策略》，《中国城市林业》2017 年第 5 期。

存和交融。

在和平公园及其周边街区的更新和使用过程中,政府、市场主体、居民三方共建、共享,不仅重塑了街道和公园风貌,也在不断提升社区凝聚力和认同感。和平公园中的园艺市集、和平公园附近的三个街边绿地的优化提升、榆兰新村沿街商铺店招店牌换新等,是发挥市场主体积极性、提升居民参与度,从而提升居民的幸福感、获得感、满意度的优秀范例,挖掘政府、市场、居民社会性的深度连接,重塑城市空间的公共性,用一座公园带动一片社区居民生活质量的改善。同时,多元包容性也是实现社会活力的关键因素。和平公园及其周边街区依托绿地等独特的物质空间载体,满足全年龄段、不同人群需求,为其提供舒适的生活、交流的空间。"老幼友好"的设计理念让街区更有人情味,也让公园周边街区的社会活力得以充分激发,营造具有认同感和归属感的绿色公共空间,公园以外的公共空间更新后更有连续性、共享性,体现更具内涵性的包容。

五、生境花园:在社区拥抱"荒野"

2024年10月里的一天,《今日白俄罗斯报》《星报》等白俄罗斯主要媒体代表到访长宁区新泾镇绿八社区的乐颐生境花园,在上海大都市中心城区的社区拥抱"荒野"。这个小小的生境花园名气却不小。2021年10月召开的"联合国生物多样性大会(COP15)"上,乐颐生境花园从全球26个国家的258个申报案例中脱颖而出,荣膺"生物多样性100+全球典型案例",成为"全球唯一"入选的社区案例。这些媒体代表可谓是慕名而来。

生境花园是将"生境"与"花园"融合在一起,并结合老旧居民区的更新改造而打造"具有栖息地功能的花园"，既为许多的城市野生动物提供食物、水源和栖息地，又为城市里的居民丰富了休憩活动空间，并初步形成营造生境花园的五大原则，即"使用本地植物""杜绝外来入侵植物""丰富植物群落""减少农药化肥的使用""为城市野生动物提供辅助的食物、水源或庇护所"。[1]

乐颐生境花园所在的协和家园小区，是一处"动迁房＋公租房"小区，位置毗邻南渔浦，紧贴外环林带。乐颐生境花园占地700多平方米，设置四季花园、生境驿站、蝶恋花溪、疗愈花园、自然保育区等五大板块，拥有日观天象、岩石花园、心灵索桥、鸢尾池塘等"生境十八趣"，现已"入住"127种植物，36种鸟、4种哺乳动物、3种蛙和20多种传粉昆虫。园内专门建造的生境山房、乡土鸟类科普长廊等，如今都成为居民活动、了解自然科普的重要阵地。用小区居民的话讲，"白天，生境花园是老人、孩子们休闲游玩的空间；夜晚，这里就是小动物们的乐园"。

2019年11月，长宁区虹旭小区打造了上海第一个具有生物多样性保护理念的社区生境花园。如今，长宁全区已经建成了包括乐颐生境花园在内的27座风格迥异的社区生境花园，并逐步探索出了一条覆盖社区、校园、商圈乃至街区的生境花园建设体系。有了生境花园，居民的精神面貌和社区自治共治水平发生了显著改变。2023年12月，愚园路一连新增了3处生境花园，江苏路街道引导各居民区组织老年居民、园艺爱好者和社区专业人士组成了一支名为"绿境灵"的志愿者团队，日常巡查和维护生境花园内动植物的状况，同时承担起为愚园路上的游客科普生境花园知识、讲述街区历史的职责。绿八居

---

[1] 张璐璐、朱丹、宋德萱：《生态修复视角下高密度城市老旧住区更新路径——上海生境花园营造的经验与启示》，《住宅科技》2023年第2期。

民区的"F4"护绿队的 4 位居民自掏腰包，为生境花园一年一度的草木更新自筹了 1 万多元经费，用于新一年草本植物的播种。

这些社区生境花园有三个基本特质：一是花园位于小区或社区内，是最贴近老百姓身边的生态空间；二是除具有休憩休闲观赏等一般公园功能外，更重要的是还能为野生动物提供食源、水源和庇护所等生态条件，能够吸引蝴蝶、蜜蜂、鸟类、黄鼬、貉等野生动物到生境花园中驻足栖息；三是从选址、设计、运营到管理，坚持社区居民共同参与、共建共享。

2022 年 11 月，上海发布《关于进一步加强生物多样性保护的实施意见》，提出"以有效应对超大城市生物多样性面临的挑战、全面提升生物多样性保护水平为目标"。长宁区也在生境花园建设的基础上，开展全区尺度的生态保护网络系统分析，绘制了《长宁区生物多样性保护绿图》，并结合城市更新，通过践行全过程人民民主，搭建全区生境花园支持机制，编制专业规划、探索建设条件、建立评价标准，逐步建成生境网络，并形成一套可复制、可推广的做法。

预计到"十四五"末，长宁区将建成至少 30 个社区层级的生境花园，将生境斑块"织密"成生境网络，提升城市生态空间的质量和功能，提高城市生物多样性保护水平。未来，上海将在进一步总结前期实践的基础上，制定生境花园建设技术导则和管理指南，结合城市更新、旧区改造和美丽家园建设等工作，因地制宜推广建设一批生境花园，让社区拥有"荒野"，让市民享受家门口的"郊野公园"。

第五章

美丽上海建设的绿色转型亮点

《美丽城市建设实施方案》明确了新时代美丽城市建设的重点任务之一就是要"坚持全方位推进绿色低碳转型，全面提升城市绿色低碳发展水平"。2024年1月起施行的《上海市发展方式绿色转型促进条例》，明确了政府及部门职责，作为推进实施绿色转型相关核心管理制度，确立了绿色低碳转型的法律基础。2021年10月，中共中央、国务院发布《关于完整准确全面贯彻新发展理念做好碳达峰碳中和工作的意见》，强调了经济社会发展中绿色转型的引领作用，形成节约资源、保护环境的产业结构、生产生活方式。《工业领域碳达峰实施方案》《"十四五"工业绿色发展规划》《"十四五"原材料工业发展规划》等，为钢铁和石化产业等传统高耗能、高排放行业的绿色低碳转型提出了具体要求。2024年8月，上海市人民政府印发《上海市加快推进绿色低碳转型行动方案（2024—2027年）》，深入贯彻落实国家和本市关于碳达峰碳中和工作部署要求，以技术突破为内核，以体制机制创新为保障，加快培育重点绿色低碳产业，进一步推进本市绿色低碳转型，形成新质生产力，推动经济社会可持续高质量发展。

宝山区和金山区的"南北转型"和徐汇西岸华丽转身，无疑是上海绿色低碳转型亮点。"南北转型"，就是宝山、金山要加快功能布局调整和经济结构升级，加快宝山南大、吴淞地区转型，大力发展大学科技园，全面推进产城融合创新发展、新兴产业创新发展，打造成为全市科技创新中心建设的主阵地之一；大力推动金山产业转型升级，在新材料、生命健康等领域打造形成产业集群，成为上海发展先进制造业的重要承载区。这一转型不仅是传统产业的绿色低碳升级，更是城市空间布局优化和生态环境改善的重要举措。曾经的工业重镇宝山，见证了宝钢从传统钢铁产业向绿色智能制造的华丽转身，成为工业绿色转型的典范；金山石化，这个曾经的化工巨头，如今正朝着生态友好型产业迈进，探索出一条化工产业绿色发展的新路径。徐汇西岸，从昔日的工业岸线蝶变为如今的科创、文化、金融融合发展的滨水活力区，建设高品质滨水漫步道、推进滨水公共空间贯通开放，提升城区人居和生态环境品质力争打造国际一流的低碳智慧产城融合典范，无不展现了城市绿色低碳和空间转型的无限魅力。这些区域的转型不仅是上海绿色低碳发展的生动实践，更是这座城市高质量发展的有力注脚。上海正以绿色为底色，以创新为动力，以高质量为目标，全力书写美丽城市建设的壮丽篇章，为全球城市可持续发展贡献"上海智慧"与"上海方案"。

一、宝山宝钢：绿色发展的"铁汉柔情"

宝山作为上海"南北转型"重要一极和传统产业重镇，在建设"上海科创中心主阵地、国际大都市主城区、全市绿色低碳转型样板区"的目标下稳步推进。宝钢作为宝山区领头央企以及传统产业的典型企业，近年来，与宝山区密切合作，稳步推进吴淞地区各项转型工作，取得颇丰成果。宝山与宝武集团通过签订两轮落地性质的实施协议，构建了政府主导、宝武参与、市场化运作的吴淞转型机制，[1]大大加快了吴淞转型进程。由上海第五钢铁厂、上海钢铁研究所、宝钢

─────────

[1]　张萍：《加快推动吴淞创新城转型发展》，《中国宝武报》2023年10月31日。

特钢历经 60 余年发展而来的宝武特种冶金有限公司，在精品特种钢方面持续加大科技攻关和填平补齐，不断突破"卡脖子"难题，长期为航空航天、核电等关键领域发挥材料保供作用。宝山区和宝武的持续深化合作不断为国家提供源源不断的发展合力，为国家钢铁的保障供应和地区绿色高质量发展注入发展动能。

承担央企保供责任，促进行业稳定发展。宝武集团位居全球钢铁企业首位，是行业当之无愧的"龙头"。区域内这家"世界第一"，如今成了吴淞创新城实施城市更新过程中的最佳盟友之一。既发挥央企在产业链上的优势，也发挥地方政府在政策、资源上的优势。宝武集团充分响应国家号召自主转型，同时具有资金雄厚、产业基础坚实的优势，积极利用资源，做好产业的升级转型。在"统一规划、合作开发"的原则下，宝武和宝山合作不断深化，宝武特钢、不锈钢两个 1 平方公里先行启动区的开发工作已经驶入了快车道，继续为宝山发展添砖加瓦。

宝钢作为国内最大钢铁企业，为国家的钢铁保供和产品质量提升不断提供动力。根据世界钢协数据，2022 年全球粗钢产量为 18.85 亿吨，其中宝武集团粗钢产量达 1.32 亿吨，全球排名第一。其中，宝钢股份粗钢产量为 5096 万吨。宝钢股份目前拥有上海宝山、武汉青山、湛江东山、南京梅山四个主要制造基地，合计生铁产能 4789 万吨，粗钢产能 5111 万吨。公司的生产效率处于行业领先水平，生产人员人均产钢量方面，2022 年宝钢股份每万人产钢量为 1874 吨，处于同行业公司首位。生产的钢铁主要用于生产高技术含量、高附加值的碳钢薄板、厚板与钢管等钢铁精品，主要产品被广泛应用于汽车、家电、石油化工、机械制造、能源交通等行业，形成汽车用钢、硅钢、能源及重大工程用钢、高等级薄板、镀锡板、长材六大战略产品结构。

在市场占有率方面，宝钢各类产品市占率表现优异，处于行业前列，涉及汽车行业、发电及其他国家重大建设工程，为我国制造业发展保驾护航。其中，在特高压输电行业，宝钢取向硅钢市占率高达 90%。超低损耗取向硅钢是制造特高压及高能效变压器"心脏"的核心材料，其材料设计、生产制造和使用技术难度大。在国家部委计划支持下，围绕特高压及高能效输变电重大需求，宝钢股份牵头组建"产学研用"团队，针对超低损耗取向硅钢二次再结晶要求苛刻、工艺窗口狭窄、装备功能特殊、使用工况复杂等难题，开展"材料设计—制造工艺—产线开发—科学使用"系统性创新，实现产品批量制造与广泛应用。该项目也获多项发明专利、多篇学术论文以及百余件核心技术秘密，参与制定多项国家标准和企业标准，填补国内的产品空白。项目产品应用于世界第一也是唯一的 ±1100 kV 昌吉—古泉特高压直流工程、巴西美丽山 ±800 kV 等 15 条特高压直流工程，批量应用于新一级能效配电变压器。[1] 项目解决了超低损耗取向硅钢技术领域"卡脖子"问题，实现了我国取向硅钢技术全球引领的地位，促进了我国钢铁行业高质量发展，为我国特高压及高能效输变电技术全球领先奠定了重要基础，经济和社会效益贡献巨大。

在汽车用钢方面，宝钢经过持续努力，超高强钢实现了稳定、大批量的制造和销售。2017 年宝钢超高强钢销售接近 45 万吨，同比增长 26%，国内市场份额接近 60%。汽车用钢整体占据 50% 以上中国市场份额。2017 年宝钢汽车板销售总计 1225 万吨，首次进入世界前三，成为宝钢的"拳头产品"。其中冷轧汽车板 878 万吨，持续保持

---

[1]《巴西美丽山 ±800 千伏特高压直流输电项目》，电力头条网，2024 年 7 月 1 日。

50% 以上市场份额，宝钢高强汽车板销量达到 315 万吨，同比增长 5%，顺应了汽车"安全、节能、减薄"的需求。

技术引领生产低碳转型，努力打造发展绿色样本。国家《关于促进钢铁工业高质量发展的指导意见》等一系列政策文件，都明确和细化了钢铁行业绿色低碳发展方向。宝钢股份也积极响应国家绿色低碳发展需求，大力研发和供应高强度、高能效、长寿命、高功能的各类绿色低碳钢铁产品，构建以低碳冶炼工艺为核心的宝钢低碳产品品牌。

自 2011 年以来，宝钢股份持续加大对环境污染综合治理的资金投入，全力推进低碳冶金技术创新，提升企业绿色低碳水平，做钢铁业绿色发展的示范者，目标为"力争 2023 年实现碳达峰，2025 年具备减碳 30% 的工艺技术能力，2035 年力争减碳 30%，2050 年力争实现碳中和"。从 2020 年到 2023 年，宝钢股份钢铁板块温室气体排放分类总计分别为 13606、13820、14165 和 13654 万吨二氧化碳当量，已经出现达峰迹象。[1] 同时，随着宝钢减碳技术路线的明确，2025 年的目标实现也指日可待。

宝钢新技术的研发与应用为社会的绿色低碳发展作出了贡献。宝钢坚持以高端化、智能化、绿色化、高效化为方向，着力攻克"卡脖子"技术与绿色低碳技术，积极探索适应中国钢铁工业发展现状的碳中和技术路径，助推供应链上下游共同实现绿色低碳发展。在产品方面，宝钢充分发挥自身钢铁行业的领先优势和带头作用，不断突破技术壁垒，降低钢铁生产的碳排放量，为新能源汽车与低碳运输、电力高效输配送与能效提升、风光电力、氢氨新能源等产业提供绿色原材

---

[1]《宝钢股份 2023 年可持续发展报告》，搜狐证券。

料，助力下游企业低碳转型，为社会制造绿色。

　　宝钢股份的生产制造过程主要遵循长流程，涵盖三个核心环节。在钢铁生产的整个流程中，具体为，炼铁阶段—炼钢环节—轧制及后续处理阶段。2021 年，中国宝武在全球低碳冶金创新论坛上提出了六大技术突破方向，旨在推动钢铁行业的低碳转型，并已经开始投入应用。这些方向包括极致能效提升、富氢碳循环高炉（HECR）技术、氢基竖炉研发、近终形制造技术、冶金资源循环利用以及碳回收及利用（CCU）技术。宝钢始终坚持以科技创新为核心，大力发展低碳冶炼工艺，以实现科技进步，逐步实现减少对石化能源的过度依赖，引领我国在低碳科技方面走在世界前列。

　　此外，宝钢还积极开展资源的循环利用，从源头推进固体废弃物的减量化、资源化。2024 年 11 月，工业和信息化部、生态环境部联合发布了全国首批"无废企业"典型案例。其中，宝钢凭借"钢铁行业固废产品化利用及社会危废协同处置无废生产模式"的案例成功入选，也是上海市唯一入选的企业。宝钢近年来投资数十亿元改进固废加工及利用设施，持续夯实固废综合利用能力。[1] 其中，2023 年，固废产废强度不超过 0.68 吨 / 吨钢，固废综合利用率达到 99.9% 以上。不仅如此，宝钢工厂生产的固废产品也积极"变废为宝"，助力城市建设，高炉矿渣粉（矿粉）等代表性的固废综合利用产品广泛应用于上海中心、明天广场、洋山深水港等重大工程，固废返生产利用率达28% 以上。

　　习近平总书记指出，绿色循环低碳发展，是当今时代科技革命和产业变革的方向，是最有前途的发展领域。我国的经济增长正在从高

---

［1］《宝钢股份 2023 年可持续发展报告》，搜狐证券。

速发展转向高质量发展，绿色发展是高质量发展的必然要求。企业的绿色发展转型蕴含着巨大的机遇，同时也可以有力带动企业的变革创新，进一步推进绿色低碳产业结构、生产生活方式、绿色空间格局等方面的形成。

宝钢作为国家级重点企业，始终坚持守正创新，通过自身不断变革发展，为国家钢铁行业技术发展、绿色发展注入强大动能，在产业结构布局调整，产品供给协调方面发挥巨大作用，为我国工业制造业打下坚实基础，有力保障国家重点重大行业和建设项目的钢材供应。宝钢数十年来坚持紧跟国家发展需求，积极响应国家建设需要，坚持技术导向、绿色导向、高端需求导向，持续深化供给侧结构性改革，为钢铁行业及其他制造业企业树立学习榜样，充分发挥央企"压舱石""稳定器"作用，在绿色低碳转型方面起到带头作用。

宝钢从多方面推进了企业及社会的绿色转型。在微观层面，宝钢积极投入研发和绿色环保，从国家建设需要、国家发展需求出发，来改进自身生产工艺、生产流程和产品产出，为三峡电站等大型电力设备建设保驾护航，摆脱"卡脖子"难题；新时代以来，宝钢也积极响应生产流程低碳转型的要求，继续进一步优化生产流程，降低污染排放，推进绿色生产建设。在中观层面，宝钢及时响应国家对钢铁行业供给侧结构性改革的要求，推进产能置换，提升钢铁行业效能。同步推进行业集中度的提升，推进钢铁行业"僵尸企业"的加速淘汰，优化产业空间结构布局，提升钢铁行业整体效率，促进行业内合理竞争及健康发展，发挥好行业"领头人"的作用。在宏观层面，宝钢作为央企，对宝山、上海，乃至整个国家社会经济的绿色转型发展起到导向作用，促进绿色技术的研发和应用，加速技术创新的步伐，鼓励企业提高能源和资源的利用效率，减少浪费，通过循环经济和资源节约型生产方式，提升整体经济的可持续发展能力。同时，减少污染物排放，改善环境质量，实现环境保护和气候治理的目标。

宝钢作为宝山区绿色低碳转型的样本，为上海乃至全国范围内企业的转型升级树立了榜样，给有意愿且迫切需要绿色转型的地区和企业提供了良好的参考样本。宝钢和宝山的携手必定会为上海带来绿色、和谐、美丽的明天。

二、石油化工：低碳转型的"绿色金山"

金山正全面落实"两区一堡"战略定位，依托沪乍杭高铁、南枫线等沿湾多层次交通走廊，建设联动沪杭的中继站和对接浙江的桥头堡，推进金山与嘉善、平湖等毗邻区域协同发展，建设长三角联动发展"两两合作"示范区。尤其是以产业升级推动整体转型，具体包括：坚持化工产业向精细化绿色化升级，推动金山第二工业区深度转型，发展新型显示、碳纤维等先进材料、生命健康及无人航空器等产业集群，使金山成为"上海制造"重要承载区和科创成果转化区；支持滨海地区完善功能、产城融合，增强区域辐射服务能力；推进"田园五镇"农业科技品牌共建、乡村旅游跨区共赢，建设长三角乡村振兴一体化发展先行区。

深耕石化行业，助力地区发展。石化行业的高质量转型、绿色转型发展成为必然要求。作为上海市传统工业地区，"南北转型"的重要一极，金山区的发展和石化行业有着密不可分的联系。在20世纪70年代初，为了解决8亿人民的穿衣问题，中央经考察决定，在金山区建立上海石油化工总厂。到了80年代，上海石化的化纤产品产量占到全国产量约50%，为我国合成纤维工业生产起到了带头和突破性作用。金山区逐步确立了"化工金山"的发展定位，并带动了其他工业快速发展。在 21 世纪初，金山区工业总产值年均增速一度高达 24%。在国家发改委 2014 年印发的《石化产业规划布局方案》中，金山区漕泾镇被列为我国七大石化产业基地之一，也明确了石化行业安全环保、统筹规划布局、坚持资源优化配置和坚持产业集约发展的原则。

到"十四五"期间，随着化工行业的上下游供需市场的调整，行业的高质量绿色发展需求亟待解决。石化行业的上游产业是原油的贸易，而我国原油的需求大部分依赖进口。2023 年，我国原油消费量 7.56 亿吨，其中进口量约 5.4 亿吨，占比 70% 以上，石化行业受到国际油价的影响较大。而我国原油的炼化产能又处于过剩的状态。据统计，2022 年我国的石油炼化总产能超 10 亿吨，炼化开工率不到 80%，长期处于产能不匹配的阶段。同时，由原油炼化得到的成品油又处于供过于求的状态，2023 年我国的成品油产量为 4.45 亿吨，而需求量为 3.66 亿吨，需要通过出口来配合供给大于需求部分。由此看出，我国炼化行业的上下游供需呈现出错位的态势。

由此，在 2022 年工信部牵头发布的《关于"十四五"推动石化化工行业高质量发展的指导意见》中，进一步强调了石化行业自主创新发展、产业结构调整、绿色发展的重要性。为了积极响应国家对石化行业转型的号召，2024 年 1 月，上海市金山区人民政府与上海石油化工股份有限公司签订战略合作协议，提出坚持"炼油向化工转、化工向材料转、材料向高端转、园区向生态转"的发展思路，明确了炼化行业向产业链下游发力的目标。金山区也在致力加快升级打造创新引领、绿色低碳、精细高效的世界级化工园区。

上海石化主要业务为通过原油加工生产多种石油产品、中间石化产品、树脂和塑料及合成纤维。其中原油的炼化和销售占据其大部分营收，占 70% 左右，占到全国销售总量的 1%—2%。其他化工产品的生产销售占比 30% 左右。成品油销售主要销往华东地区，是我国经济活跃、石化需求旺盛的长三角核心地区，有着沿河沿海、交通方便的地理优势。公司利用其炼油化工一体化的特点，积极调整优化产品结构，提高企业资源的深度利用和综合利用效率。

上海石化一直积极发展布局炼化的下游产业，促进下游产业创新发展，起到央企带头作用。近年来，上海石化在碳纤维行业深度发力，取得丰硕成果。自 2019 年起，上海石化和金山区携手积极布局碳纤维复合材料产业，共同参与建设碳纤维复合材料创新研究院，着力打造"现代化工产业生态链"，形成碳纤维复合材料的相关专利 269 项，授权 123 项，孵化落地项目 20 多个，储备项目 20 多个，排名国内第一，全球第三。其中，上海石化"48K 大丝束碳纤维"项目全部建成投产，达到 2.4 万吨 / 年原丝、1.2 万吨 / 年大丝束碳纤维产能。该项目的成功投产，也改变了我国大丝束碳纤维全部依赖进口，长期供不应求的局面，有力推动我国碳纤维产业发展，进一步锻造金山碳纤维产业的长板，打破国际碳纤维技术壁垒，该项目也入选了"2022年度央企十大国之重器"。项目生产的大丝束碳纤维产品广泛应用于风能、太阳能、高铁动车、飞机部件等行业，包括临港 T2 线氢动力电车、青岛海口路跨风河大桥、高原边坡加固工程、海堤安全隐患治理项目等，为国家的基础设施建设和相关行业发展保障提供有力支持。

科技助推转型，打造绿色金山。上海石化作为石化行业领头企业之一，深耕石化行业多年，技术能力积累深厚，对发展石化下游产业有着重要的基础优势，与金山区发展形成互补。上海石化在产业中的稳定地位，很大程度上帮助推动了下游产业的发展，促进金山地区产业升级。

比如，石油炼化中间产品丙烯腈是碳纤维产品的关键前体材料之一，而石油炼化中产生的副产品丙烯可以为生产丙烯腈提供原料保障，为生产碳纤维降低成本提供潜力。此外，上海石化在金山区设立碳纤维材料研究院，并且和周边化工企业同力发展，可以形成规模效应，为生产进一步降本增效打下基础。2023 年，上海石化也进一步推进碳纤维"通用级 + 高性能""小丝束 + 大丝束"的全产品建设，提升产品优势，努力突破关键技术难关，着力公司转型创效。

碳纤维项目也将推动金山碳谷绿湾产业园与上海石化深度联动发展。碳谷绿湾产业园的前身，最早可追溯到 1995 年，那时上海石化被称为"金山第一工区"，而上海石化炼油生产出的很多基础化学品，则在"金山第二工业区"加以加工利用，也即碳谷绿湾产业园的前身。随着多年的环境整治和发展转型工作的推进，2019 年，园区被工业和信息化信部授予"国家级绿色园区"称号，也吸引了越来越多国内外知名企业的落户，打造了雄厚的产业底蕴，展现了高质量的产业实力。2022 年 6 月，金山第二工业区正式更名为上海碳谷绿湾产业园，在绿色高质量发展思想的引领下，不断加快"二转二"转型升级步伐，积极发展碳纤维等新兴产业。

上海石化在地区和产业链上游的重要地位，也为金山相关产业发展带来极大潜能。在新材料生产研发方面，上海石化与金山巴陵石化在碳谷绿湾设立上海金山巴陵新材料有限公司，打造年产 25 万吨热塑性弹性体项目，于 2024 年下半年整体竣工投产。热塑性弹性体，是介于橡胶与树脂之间的一种新型高分子材料，具有双重优点，被誉为"橡胶黄金"。随着产能的提升，今后该类产品的生产将替代进口，广泛应用于工程塑料、电子消费产品、医疗耗材、5G通信光缆等领域。此外，无人机的生产制造也很大程度上依赖碳纤维。由于eVTOL（电动垂直起降飞行器，是一种以电力作为飞行动力来源且具备垂直起降功能的飞行器）、小无人机和部分轻型飞机是由电机驱动，因此对轻量化的要求较高。碳纤维复合材料在eVTOL的结构、部件中占比较大。据相关数据研究，复合材料占eVTOL机身结构使用的全部材料的占比高达70%以上，而复合材料中90%以上使用碳纤维来增强，碳纤维在无人机生产研发中占据重要作用。

除此之外，上海石化也积极布局新能源的利用和研发，持续推进绿色清洁能源建设，大力发展光伏风电氢能等可再生能源，不断优化能源结构，通过节能降碳、购买绿色电力、与上下游产业链企业合作减排等方式，减少能源资源消耗和碳足迹。上海石化2023年光伏发电777万千瓦时，煤炭、电力消耗量近三年稳步下降。在氢能产业发展方面，上海石化与金山区将共同推动落实上海市氢能产业发展中长期规划对金山区空间布局的要求，合力打造金山区氢源供应与新材料产业基地。充分发挥中国石化氢能产业先发布局及上海石化工业副产氢优势，积极融入中国石化"油气氢电服"综合能源营销网络，建设金山地区风光电氢一体化能源供应基地。

上海石化从全产业链的角度，总体推进石化行业和地区的高质量转型、绿色低碳转型。从上游的能源行业发展氢能风电光伏产业，到炼化行业的向下推进，再到对下游行业的支持作用，上海石化从自身出发，致力向产业上下游推进，为金山区整体的产业结构调整及产业发展提供源源不断的动力和重要的基础保障，起到关键带头作用。未来，从金山出发，打造辐射上海、长三角乃至全国，面向国际的优势化工产业集群，构建具有权威性的国际化工产品生产交易平台，为行业发展树立榜样。

在以上海石化为代表的一众化工企业和金山区的共同协作努力下，上海湾区高新区、碳谷绿湾等产业园活力迸发，廊下、漕泾郊野公园等生态滋养地风光秀美，国家生态文明建设示范区、上海首个全国"绿水青山就是金山银山"实践创新基地等荣誉纷至沓来，"天更蓝、地更绿、水更清"已逐渐成为金山的新标签，一个化工产业与城市建设产城融合、"含绿量"和"含金量"同步提升的"金山样本"已逐步成型。

宝山宝钢和金山石化"南北转型"的成功不仅是企业自身的升级，也成了绿色低碳转型发展的主力军和传统工业地区转型的样板区。上海"南北转型"以产业转型为核心，全面统筹空间转型和治理转型，整体性、系统性地将南北地区打造成为实体经济筑基的新高地，促进科技创新与数字化转型，推动了区域经济高质量发展；是实现国家"碳达峰、碳中和"目标的重要实践；更提升了城市功能与品质，通过优化空间布局、改善生态环境，南北地区正在成为宜居宜业的现代化城区。当地居民的生活质量也显著提升。通过就业与收入水平的提升、消费结构的升级、居住环境的改善、公共服务的优化、交通与出行的便利以及社区治理与参与的增强，南北转型为居民带来了实实在在的获得感和幸福感。这一转型实践为其他传统工业地区提供了宝贵的经验和示范。

三、上海西岸：数字赋能的"徐汇蝶变"

蜿蜒流向东海的黄浦江，孕育了上海蓬勃的生命力，也见证了上海一次次的发展蝶变。今天，在徐汇滨江，"上海西岸West

Bund"——这一上海的新地标，融合了艺术、文化、商业、生活、娱乐、创新产业，吸引了全国各地乃至全世界各地的目光，成为上海国际大都市的又一卓越水岸。

站在上海西岸智塔东塔楼 45 楼的规划展示馆，俯瞰黄浦江优美的 S 弯曲线向南延伸，消失在蒙蒙天际的绿野中，好似历史的烟尘跨越千年而来。沿着黄浦江向北而去，越过卢浦大桥，浦东陆家嘴时隐时现的四件套：东方明珠、上海中心大厦、环球金融中心和金茂大厦，和外滩及北外滩形成的黄金三角，浓缩了上海百年发展的筚路蓝缕与改革开放以来的日新月异。而视线穿过黄浦江，对岸的浦东前滩和世博建筑群与西岸交相辉映，诉说着上海现代化发展的勃勃生机和"城市让生活更美好"的典范。

滔滔东逝的浦江水，不为谁停留，却让美丽上海建设的"繁花"，在浦江边渐续绽放，蜿蜒铺陈。上海西岸，就是新时代背景下上海城市更新高质量发展在黄浦江边的又一次绽放。

高品质生态环境赋能高质量转型发展。水是生命之源，国际上大部分的大都市都是依水而建，因水而兴。城市滨水空间，作为稀缺资源，在城市的发展过程中有着十分重要的作用。因此，徐汇滨江如何转型突破，以满足城市高质量发展和市民美好生活的需要，成了一个重要课题。

上海西岸所在的徐汇滨江，是黄浦江南段重要的滨水区段，因得水运之便，曾是近代工业最早开发地之一，沿江分布有大量工业厂区，包括诞生于 1920 年的昔日亚洲最大水泥厂——上海水泥厂，曾是东亚最大国际机场的龙华机场，诞生了运—10 客机的上海飞机制造厂等。此外，还有火车南浦站、日晖港、北票码头等一系列便捷的交通基础设施，也见证了昔日徐汇滨江的产业兴盛。但到了 20 世纪 90

年代，随着上海城市空间拓展和产业结构调整的深入，徐汇滨江原有的产业优势不再，成了沿江的工业"锈带"。借助于上海承办 2010 年世博会和"滨江贯通"的两大契机，徐汇滨江开始走上转型发展的探索之路，开启了由工业"锈带"向生活"秀带"和科创"绣带"的华丽转身。徐汇滨江地区的综合开发，始终坚持"政府主导、企业主体、市场运作"的基本原则，按照"规划引领、文化先导、生态优先、科创主导"的开发策略，实施上突出历史、文化、生态的有机融合，坚持先沿江后腹地，先环境后开发。利用世博会这一窗口期，西岸在完成土地收储的同时，着力打造滨江高品质的开放共享空间，形成了由景观大道、休闲自行车道、休闲步道及亲水平台组成的多重开放空间，并将城市景观从滨江岸线逐步引入区域腹地，赋予了滨江生态休闲的新属性。在此基础上，超长岸线各个主题的公共活动空间则为市民提供了全年龄段的滨水乐趣体验，推动了徐汇滨江由生产型岸线向生活型岸线转变。与此同时，通过城市绿道系统、跑道公园等生态设施的建设，形成由沿江向腹地渗透的区域级公共生态网络，进一步完善和丰富滨江的生态系统。

高品质的生态休闲空间的打造，在满足市民休闲活动、聚集人气的同时，也为区域发展注入了活力，赋能产业发展。结合滨江丰富的民族工业文化资源和工业遗存，西岸采取了休闲与文化并行的城市更新路径，以及"文化先导，产业主导"的整体开发理念。2012 年，"西岸文化走廊"品牌工程作为先导项目启动，伴随着对工业遗存在新时代的保留、改造与活化利用的探索，以及对艺术追求和商业需求的平衡，昔日的上海飞机制造厂、龙华机场、铁路南浦站、北票码头、上海水泥厂，分别以西岸艺术中心、徐汇跑道公园、星美术馆、龙美术馆以及西岸穹顶艺术中心等全新身份亮相。一系列场馆改造和文化设施的落地，西岸成为上海重要的文化艺术集聚地，形成了浓郁的文化氛围。

生态休闲与文化产业的有机融汇，可以驱动多类型消费新需求，激发区域创新活力，为西岸高质量的产业导入和融合发展奠定了基础。

2018 年，被誉为"人工智能的奥林匹克盛会"的世界人工智能大会在西岸举行。同年，上海西岸明确提出了"AI + ART"（人工智能 + 艺术）的"双 A 战略"。随后，西岸智塔（AI Tower）和西岸艺岛（Art Tower）相继亮相，成为西岸人工智能产业与文化艺术产业高质量发展的象征。2023 年，徐汇区全面亮出科创"绣带"品牌，全国首个大模型创新生态社区"模速空间"落地徐汇滨江，同步创建上海首个人工智能大模型产业生态集聚区，推动 AI 产业链上下游企业的加速集聚，目前徐汇的大模型企业数量以每月 30 至 40 家的速度增长，正加快建成全国人工智能高地。

经过十多年的发展，徐汇滨江形成了包括传媒港、数字谷、金融城、热力秀场、生命蓝湾、数智中心在内的"一港一谷一城一场一湾一心"产业组团，成为一个集文化艺术、信息传媒、创新金融、商贸和生活为一体的国际级滨水岸线。上海西岸成为"后世博时代"徐汇滨江地区的全新称谓和城区品牌。

西岸——美丽上海建设的生动实践地。"上海西岸"，不仅为城市更新的高质量发展提供了一个很好的范本，更是贯彻"人民城市"重要理念、满足人民美好生活需要的美丽上海建设的生动实践地。

徐汇滨江的城市更新，不管是在空间尺度、功能维度，还是组织运营上，都坚持以人为本，重视生活和市民视角。在空间尺度上，不盲目追求大，而是追求开放共享，通过促进空间开放，模糊内外界限，在有限的空间中寻求多功能的价值实现，尽可能满足市民的多元需求。比如，西岸梦中心的大台阶，不仅是空间连接的通道，更通过设计赋予人们坐、躺的自由，体现了西岸无处不在的对公共空间的开放、自由、休闲功能的追求和公共空间服务于公众的理念。西岸的产业功能进化之路，也体现了以人为本的城市更新理念。休闲和文化先导，在引聚区域发展活力的同时，又实现了消费者对各方的反哺，为区域产业的转型和高质量发展提供了更多能动性，同时也奠定了西岸生产、生活、生态融合发展的基础。商业、艺术、科技与生活的紧密结合，伴随着对自然的亲近和对开放、创新、绿色、可持续的追求。

文化先导战略也为西岸奠定了组织运营的优秀基因。徐汇滨江的真正魅力，不仅在于其空间、建筑、功能，更在于其卓越的组织运营能力。以西岸梦中心、西岸中环等呈现为契机，推动了滨水商业串珠成链，并深度助力上海国际咖啡节、花展、光影节和 FISE 世界巡回赛、西岸艺博会等重磅活动，联动举办"西岸好市""西岸夜巷·国际传媒港夏日嘉年华"等消费活动，携手推出"侬好，西岸"主题线路，呈现国际范、文化韵、烟火气共荣态势。一系列新潮、世界级、跨领域的活动的举办，不仅持续扩大了西岸的影响力和吸引力，也促进了上海西岸组织运营能力和服务能力的不断进化。

运营能力的不断进化，如同点石成金的魔法，使空间功能超越了休闲、艺术、体育、商业等传统单一范畴，得以不断突破创新，让建筑、空间、功能与居民的工作、生活、文化、生态需求满足得到更好的融合，相互促进，相得益彰，成为市民美好生活的引领者，同时也成为一个向世界展示美丽上海的舞台。

面对商业集中开业、办公集中入驻、活动高频举办带来的地区运营压力，西岸依然能不断提升其品牌影响力，离不开徐汇滨江有效的党建引领、共建共治的治理机制的保障。

2022 年初，在徐汇区委组织部指导下，徐汇滨江管理委员会办公室、斜土街道、长桥街道、龙华街道、华泾镇作为发起单位，邀请国际传媒港、上海人工智能实验室、申万宏源、东航投资、香港置地、恒基兆业、华之门资本、阿里巴巴集团上海总部、腾讯华东总部、上海万科、徐汇资本、西岸集团等 12 家首批成员单位成立了"徐汇滨江共建共治联盟"。平台以"目标统一、价值认同、资源整合"为基本原则，以"大事共商、区域共治、品牌共建、资源共享、发展共赢"为工作理念，以"一体化品牌打造、一体化产业招商、一体化配套服务、一体化数字运行"为发展任务，共同搭建起党建引领、政企协同、自治共治的平台。此外，西岸还形成了"水岸共治先锋""传媒港业主联合会"等党建引领基层共治的机制。在党建引领下，深化协同共治机制，以"组织链"串起"发展链""产业链""创新链""服务链"，不断提升区域运营能力和城市管理精细化水平，为西岸的资源链接、交流融合、品牌价值、创新生态、水岸活力等持续作出贡献，也为美丽上海建设提供了生动实践。

第六章

美丽上海建设的生态安全底线

上海提出韧性城市的总体框架和指标体系，通过优化生态空间、农业空间和城镇空间的整体格局，降低气候变化引起的各类自然灾害风险，减少危化品产用过程中泄漏或爆炸等事故灾害，治理好生态环境风险，筑牢美丽上海的安全韧性底线，构建超大城市风险治理新范式。

一、推动风险应急的能力建设

美丽上海建设中的环境风险治理，不仅关注单一污染问题，还涉及多领域、多污染物的协同控制，同时将结构性污染矛盾、环境基础设施不足等问题纳入环境风险的范畴，并将通过系统性措施进行综合管理和缓解。环境风险主要指在城市发展过程中可能遇到的与环境相关的各种潜在威胁和挑战，包括但不限于传统环境污染问题，还有新污染物及其可能的环境风险，以及全球气候变化及其极端天气的风险等。环境风险评估是实现环境质量改善、生态安全和可持续发展目标的重要工具和手段。通过科学的风险评估，可以更有效地识别和解决环境问题，保护和改善生态环境，推进美丽上海建设目标的实现。

上海市始终重视环境风险管控工作尤其是制度体系建设，通过不断完善的制度供给，加强对环境污染源的监管，建立了完善的环境应急管理体系。2005 年第二次修订的《上海市环境保护条例》就明确为制定环境突发事件应急预案提供法律保障，并随着时间的推移，不断完善环境风险评估和应急管理制度体系，明确了环境风险评估的范围、内容、方法和程序。在规划引领层面，基于《上海市城市总体规划（2017—2035 年）》提出的韧性生态之城目标，充分考虑韧性城市要素，从三角洲城市气候变化下的自然灾害韧性、城市危化品产用过程中的事故灾害韧性、高密度城市重大公共卫生事件的防疫韧性、超大型城市基础设施日常运行的系统韧性四大关键议题进行了整体谋划和策略回应，强化城市韧性安全指标的刚性约束作用，在区域、城区、社区三个层面分别统筹区域规划、单元规划和详细规划。《上海市生态空间专项规划（2021—2035）》从促进各类生态要素保护和融合发展，构筑"双环、九廊、十区"的生态网络结构和"廊道、绿道双网络"保障城市生态安全和提升城市环境品质。2024 年颁布的《关于全面推进美丽上海建设打造人与自然和谐共生的社会主义现代化国际大都市的实施意见》和《美丽上海建设三年行动计划（2024—2026 年）》，要求"坚持预防为主，加强环境风险常态化管理。健全分级负责、属地为主、部门协同的环境应急责任体系，完善上下游、跨区域应急联动机制，全面提升市、区两级环境应急能力"和完成重点河流、重点化工园区等环境应急"一河（园）一策一图"全覆盖，进一步提高生态环境韧性。可见，上海市关于环境风险层面的制度侧重从初涉环境风险发展至应对气候变化和提升生态系统质量来防范环境风险，已然更加适应实际，更贴合上海市的人民群众对于美好生态环境的要求。

在具体制度层面，上海市制定了《上海市突发环境事件应急预案》《上海市空气重污染专项应急预案》等一系列环境风险评估和应急管理的政策法规，为全市的环境风险防控工作提供了制度保障。上海市建立了市级层面的环境风险评估和应急管理机制，明确了各部门的职责和分工。上海制定了市、区、村镇（园区）各级各类环境应急预案，并对企事业单位的环境应急预案的制定进行了备案制管理。上海还率先出台《上海市环境污染责任保险管理试行办法》，规范投保工作，理清市区两级生态环境主管部门与保险监管部门、地方金融管理部门的职能权责，建立对保险金额、赔付责任等制度保障，进一步引入市场化资源，提高企业防范环境污染事故的能力，降低突发环境事件的负面影响。

表 6-1　上海市环境风险管理相关制度

文件名称	发布时间	发布的部门	文件的相关规定	环境风险相关内容
《上海市环境保护条例》（第二次修正）	2005 年 10 月	上海市人民代表大会常务委员会	早期规定环境保护的管理职责和污染防治措施，为后续环境保护工作奠定基础。	较早涉及环境风险管理，为后续环境风险评估和应急响应提供法律依据。
《上海市突发环境事件应急预案》	2016 年 12 月	上海市人民政府	建立突发环境事件的应急响应机制，提高快速反应和处置能力，保障环境安全。	详细规定了突发环境事件的分级、预警、应急响应和后期处置，强化环境风险预警和应急处置能力。
《上海市 2021—2023 年生态环境保护和建设三年行动计划》	2021 年 5 月	上海市人民政府办公厅	明确 2021—2023 年生态环境保护的具体措施，包括水、大气、土壤等污染防治，提升生态环境质量，推动绿色发展。	提出全面保障饮用水水源地安全，加强环境风险防控，提升企业生态环境应急能力。
《上海市生态空间专项规划（2021—2035）》	2021 年 5 月	上海市人民政府	规划上海市生态空间布局，保护和修复生态系统，提升生态服务功能，促进生态要素保护与融合发展。	强调维护生态安全，优化生态空间格局，提升生态服务功能，防范生态风险。

（续表）

文件名称	发布时间	发布的部门	文件的相关规定	环境风险相关内容
《上海市生态环境保护"十四五"规划》	2021年8月	上海市人民政府	明确"十四五"期间生态环境保护的目标任务，推动绿色高质量发展，加强污染治理和生态保护，提升环境基础设施能力，完善环境治理体系。	强调环境污染防治进入新阶段，新型环境风险逐步凸显，需强化源头防控和多污染物协同控制。
《上海市环境保护条例》（第七次修正）	2022年7月	上海市人民代表大会常务委员会	规定环境保护的管理职责、污染防治措施及违规处罚，强化环境保护法律效力。	明确环境风险防控责任，要求企业建立环境风险防控体系，加强环境风险评估和应急准备。
《关于全面推进美丽上海建设打造人与自然和谐共生的社会主义现代化国际大都市的实施意见》	2024年5月	中共上海市委 上海市人民政府	提出全面推进美丽上海建设的实施意见，强调生态优先和绿色发展，优化国土空间开发保护格局。	提出积极应对气候变化、长江大保护等国家战略，强化环境风险管理和应急响应。
《美丽上海建设三年行动计划（2024—2026年）》	2024年9月	上海市人民政府办公厅	提出建设美丽上海的具体行动计划，包括生态空间优化、绿色低碳发展、环境质量提升等。	强调加强生态空间管控，构建生态网络结构，提升生态系统质量和稳定性，防范环境风险。

一是协同纵向与横向各级各层资源，打通协同治理的边界壁垒。长三角区域跨省合作联动层面，与浙江、江苏、安徽联合签订《长三角地区跨省流域上下游突发水污染事件联防联控机制合作协议》，利用现有长三角地区突发环境事件应急联动机制，进一步建立完善联合协作机制、研判预警机制、科学应对机制、后期处置机制；打通信息

鸿沟堵点，与浙江、江苏、安徽汇聚共享自然灾害、资源力量、装备物资等数据信息，实现长三角区域安全生产、防灾减灾、应急救援等场景应用的一体化协同联动。

上海市内下辖各区层面，建立了区级层面的环境风险评估和应急管理机制，明确了各部门的职责和分工。在突发环境应急事件风险隐患排查专项行动中，优化问题检查整改机制和方式，构建生态部门、属地政府、园区、企业"四位一体"联动机制的重要工作抓手，建立"企业自查、各区检查和督导抽查相结合"的检查机制，落实职能部门和属地街镇的监管职责，分级分类日常监管，督促环境风险隐患企事业单位健全排查机制。

对污染源密集区域（如上海石化、上海化学工业区、金山二工区、奉贤区杭州湾经济技术开发区等石化化工园区）层面，科学规划和安排空间。在重点区域周围划定管控范围，基于规划环评结合设置环境缓冲区，将环评结论科学服务决策，环境缓冲区及园区内部不得新增住宅、学校、医院等环境敏感目标，现有环境敏感目标按计划实施搬迁。在日常风险排查上，由各区生态环境局统筹协同园区管委会等管理部门、城管执法局等执法部门，监督企业对环境风险清单进行自查，并要求将自查情况向生态环境部门报送登记，再由各区生态环境局对重点区域开展非现场、现场抽查检查。

政府内不同职能部门间的权责划分上，生态环境部门是环境风险评估和应急管理的主要部门，负责制定环境风险评估和应急管理的政策法规，组织开展环境风险评估和预警工作，协调处理突发环境事件。应急管理部门基于"一网统管"指挥系统，负责综合协调全市的应急管理工作，在突发环境事件发生时负责组织协调各部门开展应急救援工作，安全精准提高处置效率。

在政府和社会权责划分上，上海做到政府统筹安排，企业承担环境风险管理主体责任，并开设广泛的社会监督机制。上海市制定了《上海市企事业单位生态环境信用管理评价管理办法》，在企业环境信用评价体系中纳入环境风险管理指标，引导企业承担环境风险管理主体责任。上海市制定社会组织参与环境治理工作的实施方案，制度上保障公众能参与环境治理决策、执行、监督等环节，积极引导公众践行环境风险监督责任。

二是积极运用创新科技，强化事前预防和环境风险应急能力。 上海市积极开展应急演练模拟练兵，提高应急队伍的实战能力和协同作战能力，由市生态环境局牵头组织突发环境事故专项演习纳入上海市级应急演练"1＋5"专项演练计划，将最新技术设备在演练中投入使用，在演练中提升各方应急处置能力，做到事前防范。2024年上海市处置辐射事故应急综合演习由上海市生态环境局主办，协调市应急管理局、国防动员办公室、卫生健康委员会、消防救援局等多部门共同参与演练，聚焦化工企业安全生产事故引发辐射事故，出动辐射应急车辆、无人机搜源系统、放射源处置机器人、放射源搜寻机器狗、放射性污染等各类国内领先的辐射应急处置装备近200台（套），开展全流程、全要素、实战化演练。演习首次启动了辐射安全应急长三角一体化联动，调动长三角区域辐射事故应急处置力量，为完善华东六省一市辐射安全应急联动机制积累了宝贵经验。在演练机制创新上，将市场化力量作为政府应急能力的有益补充，尝试以政府队伍为主、社会力量共同参与，开创了"1＋N"辐射应急新构架。在演练技术创新上，演习中运用了无人机、机器狗等先进智能装备在复杂事故情况下进行放射源搜寻，并首次尝试在演习中对沾污场地进行去污。在演练中，检验应急预案风险防控有效性和实践可操作性，完善隐患风险点，不断加强能力建设。

上海市生态环境局既要主动开展环境风险相关演练，协调其他职能部门参与配合，提高应急能力，同时也积极参与并响应其他职能部门的风险应急演练，跨职能部门协同快速实现风险治理。基于环境风险源数据库能力实现空天地一体化监测与"一张图"的"可视化"指挥，开展环境风险评估和预警，对环境污染源、自然灾害等环境风险因素进行评估并确定环境风险等级，为环境风险管理提供科学依据。

上海自 2019 年开始探索城市"一网统管"，现已形成了"市级—区级—街镇级"的"一纵"和嵌入防汛、消防、交通、环卫等 82 个部门的"一横"的协同体系，将各部门与应急指挥中心连接，通过数字化智慧大脑提升城市运作效率，实现对各个风险点位的实时感知、动态指挥与管理，实现高效处置。上海市生态环境部门通过"一网统管"系统与气象、水利、自然资源等部门联合会商，持续调度应急值守、抢险救援、转移安置及中小河流洪水防范等工作。同时与防汛指挥部、太湖流域管理局开展联合会商，分析流域降水情况，通过"防汛直通车""应急直通车"等机制实时通报最新气象预报预警和实况信息，对环境风险进行精准预判、实时管控、高效处置。

三是事中控制和事后快速恢复，在环境风险控制上交出了满意答卷。得益于制度体系保障下日常对企业风险管理的高标准应急能力建设，在极端灾害降临时，最大程度地减少了灾害损失。2024 年 9 月 16 日，台风"贝碧嘉"在上海浦东临港新城沿海登陆，成为自 1949 年以来登陆上海的最强台风。上海通过实际应对将极端天气事件带来的影响最小化，用对企业环境风险在极端天气事件下的管理来避免突发性环境事件的发生，成功实现环境风险控制与规避，做到灾前摸排隐患、灾时平稳无患、灾后快速复工。重点工业排污单位聚集的行政区在台风过境时严格落实风险管理，严防突发环境事件发生。奉贤区重点排查杭州湾化工企业，落实重点部位巩防措施和24小时值班值守工作制度要求。崇明区应急局分组对部分油库、危险化学品储存仓库，涉及领域的工贸企业开展风险隐患排查和电话调度，重点检查企业的防汛防台应急预案、应急抢险物资的储备、危险化学品储存等方面的防御落实情况，对排查出的隐患问题督促指导企业负责人在台风来临前完成整改。台风过境出现险情时，崇明区第一时间应对医疗废物处置公司供电断联情况，确保医废正常处置。金山区生态环境局通过微信公众号推送等形式下发通知，协同区应急局组建工作组分赴危化企业开展防御台风工作专项检查督导，会同各街镇（园区）环保办了解企业状况，提醒、督促重点排污单位开展隐患排查工作，下辖街镇环保办组织专项检查小组深入重点企业一线危废管理检查，严格监督企业落实"三防"措施，防止因雨污串管、危险废物贮存不规范造成流失泄漏等次生环境污染风险。在台风预警降级后，金山区生态环境局及时向全区企业主发送工作提示，要求台风过后做好环保设施设备隐患排查，做好应急设施和物资管理，确保安全稳妥有序复工复产。

在上海环境风险管理实践中，以下经验值得总结和推广：

（1）完善的制度体系是基础。从《上海市环境保护条例》到各类专项应急预案，这些制度为环境风险的评估、预警和应急响应提供了明确的指导和法律支撑。

（2）科学的规划设计是前提。上海在城市总体规划和专项规划中充分考虑生态环境安全，体现了对韧性城市建设的前瞻性要求，确保了城市发展与生态安全的协调统一。

（3）严格的执行监管是关键。上海通过加强环境污染源监管和加大环境执法力度，构建政府统筹、企业承担风险管控主体责任、社会监督机制成熟的环境风险管理体系，应急专项工作组的督导检查进一步提高了企业的重视程度和响应能力。

（4）部门间的协作协同是保障。在日常练兵中，市生态环境局既组织承担，也参与其他部门组织的相关应急风险演练，加强了信息共享与沟通，为环境风险管理提供了强有力的组织保障。

（5）持续的创新是动力。积极探索新机制，应用新技术，如"一网统管"系统，提高了环境风险管理的效率和效果，增强了城市应对突发事件的能力。

二、筑牢安全韧性的生态底线

气候变化是当今世界以及今后相当长时期内人类共同面临的巨大挑战。随着全球极端天气气候事件和各类缓发不利影响不断加剧，上海作为沿海城市，面临着海平面上升、高温热浪、暴雨洪涝等极端天气气候事件的威胁，"风、暴、潮、洪""三碰头"或"四碰头"复合灾害增多，导致在城市水系统，尤其是水环境质量和水资源方面安全风险增加。

韧性城市建设有助于提升城市在面对灾害时的抗压能力、恢复力和适应力。[1] 2023 年，习近平总书记在上海考察时强调，要"全面推进韧性安全城市建设，努力走出一条中国特色超大城市治理现代化的新路"。同年，十二届市委四次全会审议通过的《中共上海市委关于深入学习贯彻落实习近平总书记重要讲话精神　加快建成具有世界影

---

[1]　付琳、曹颖、杨秀：《国家气候适应型城市建设试点的进展分析与政策建议》，《气候变化研究进展》2020 年第 6 期。

响力的社会主义现代化国际大都市的决定》要求，"加强韧性安全城市建设"。上海城市安全运行将面临一系列的新趋势、新问题、新特征，要紧扣韧性安全城市"抗压、适应、恢复和可持续发展能力"的总体要求，坚持"硬件、制度、社会、技术"系统推进，全面加强风险防控体系和能力建设，为上海加快建设具有世界影响力的社会主义现代化国际大都市提供韧性安全保障。通过提升城市的韧性，上海能够更好地应对全球气候变化带来的挑战，为国内其他城市提供了经验和借鉴。上海韧性城市建设是应对气候变化、提升城市治理能力、保障城市安全、促进可持续发展的重要举措，对于上海乃至全国的城市发展具有重要的战略意义。

以有效防范和降低气候变化不利影响和风险为目标，以上海为例开展适应全球气候变化的韧性城市建设研究，聚焦城市水系统安全风险，以完善城市适应气候变化治理体系、加强气候变化影响和风险评估、强化城市重点领域适应气候变化行动、推进城市适应政策创新和能力建设为重点，提高城市适应气候变化能力，保障城市安全运行、提高城市竞争力和韧性可持续发展。

韧性的概念最早起源于 1973 年，加拿大生态学家霍林（C.S. Holling）将韧性（Resilience）的概念应用到生态领域，描述生态系统在受到干扰后维持或恢复原有功能的能力，以确定替代生态系统的稳定状态。后被引入社会科学，以研究社会生态系统的复杂动态性。韧性城市的发展是一个持续的过程，涉及理论研究、政策制定、实践探索和国际合作等多个方面。随着气候变化和城市化进程的加快，韧性城市建设的重要性日益凸显，成为全球城市可持续发展的关键所在。2002 年，倡导地区可持续发展国际理事会（ICLEI）在联合国可持续发展全球峰会上首次提出"韧性"概念，并将其引入城市防灾领域，掀起了韧性城市研究的浪潮。[1]2005年，在日本兵库县举行的联合国世界减灾会议通过的《兵库行动框架》，明确提出了通过韧性城市来应对自然灾害的理念。[2]2011年，洛克菲勒基金会启动了全球100韧性城市项目（100 Resilient Cities），在全球选择100个城市进行韧性城市建设的探索和实践。2014年，国际标准化组织制定了国际标准"全球城市指标"（ISO 37120: Global City Indicators），为城市服务及生活质量提供标准化的指标方法。2015年，联合国发布2030年可持续发展目标，提出建设包容、安全、有韧性的城市及人类居住区。2021年，韧性城市理念已成为城市可持续发展的创新模式之一，被世界各国广泛接受，并被纳入城市规划、城市建设、防灾减灾和城市治理等领域。[3]2024年，韧性城市建设继续得到国际社会的关注和推动，多个国际组织和非政府组织继续在全球范围内推动韧性城市的实践和研究。

从韧性城市的发展历程来看，韧性城市是一个综合性的概念，它涉及城市在面对各种自然和人为灾害、慢性压力以及不确定性时的应对能力。韧性城市能够凭自身的能力抵御灾害，减轻灾害损失，并合理地调配资源以从灾害中快速恢复过来，这包括在遭受灾害后能够快速应对、恢复，保持城市功能正常运行，并能够通过适应来更好地应对未来的灾害风险。不同国际组织和学者对韧性城市的定义强调了城市系统消化、吸收外来干扰并保持原来结构，维持关键功能的能力。因此，韧性城市可以定义为通过合理规划与准备，具备缓冲和应对不

---

［1］ 项松林、潘莉媛：《韧性城市的理念演进与发展路径——以合肥市为例》，《湖北经济学院学报》2022年第6期。

［2］ 赵瑞东、方创琳、刘海猛：《城市韧性研究进展与展望》，《地理科学进展》2020年第10期。

［3］ 薄景山、王玉婷、薄涛等：《韧性城市的研究进展和韧性城乡建设的建议》，《世界地震工程》2022年第3期。

确定性扰动、实现公共安全、保障社会秩序和经济建设等正常运行能力的城市。[1]

　　韧性城市建设需要考虑经济、政治、社会和环境等多个方面，以推动城市在面对灾害时的预防、准备、响应及快速恢复能力，一般具有四个主要的组成部分，即：基础设施韧性、制度韧性、经济韧性和社会韧性。基础设施韧性指的是建成结构和设施脆弱性的减轻，同时也涵盖生命线工程的畅通和城市社区的应急反应能力；制度韧性主要是指政府和非政府组织管治社区的引导能力；经济韧性指的是城市社区为能够应对危机而具有的经济多样性；社会韧性被视为城市社区人口特征、组织结构方式及人力资本等要素的集成。[2]可以看出，韧性城市建设与可持续发展紧密相关，它强调在面对不确定性和变化时，城市能够保持或迅速恢复其功能，并且在这个过程中实现持续发展。

　　上海作为全球重要的经济和金融中心，面对全球气候变化带来的挑战，正在积极构建韧性城市，发布了一系列政策和措施。早在 2017 年 12 月，上海市人民政府发布的《上海市城市总体规划（2017—2035 年）》提出，"高度重视城市公共安全，加强城市安全风险防控，增强抵御灾害事故、处置突发事件、危机管理能力，提高城市韧性"。2021 年 1 月批准的《上海市国民经济和社会发展第十四个五年规划和二〇三五年远景目标纲要》明确提出，要"全面提升城市运行的功能韧性、过程韧性、系统韧性，构筑城市安全常态化管控和应急保障体系，使上海始终位于全球最安全城市之列"。2023 年 3 月，《上海市城市更新行动方案（2023—2025 年）》指出，要"坚持集约型、内涵

---

[1]　张静宇：《韧性理论视角下城中村建设探讨》，《城市住宅》2021 年第 2 期。

[2]　潘庆华、白潇：《韧性城市概述和对我国城市规划的一些思考》，《四川建筑》2017 年第 3 期。

式、绿色低碳发展，提高城市治理能力和治理水平，牢牢守住超大城市运行安全底线，提高城市韧性"。2024 年 12 月，上海市应急管理局发布《上海市关于加快推进韧性安全城市建设的意见》进一步明确了城市韧性安全的构成，包括管理功能、工程功能、空间功能、社会功能等，并提出了相应的建设要求和保障措施，强调了打造功能韧性、过程韧性和系统韧性，以及增强城市韧性安全数治现代化全新动能。同月，《上海市适应气候变化行动方案（2024—2035 年）》明确了 10 个方面重点任务和 37 项具体措施，以推进适应气候变化的治理体系和治理能力现代化。这些政策和措施体现了上海在推进韧性城市建设方面的全面规划和系统实施，旨在提升城市的整体抗灾能力、快速恢复力和可持续发展能力。[1]

上海已经将韧性城市建设纳入城市总体规划中，在提升城市抵御自然灾害能力、强化能源和水资源供应安全、构建防灾减灾体系等方面采取了积极的治理措施。在气候监测与预警系统构建方面，上海市政府和中国气象局成立了上海市气候变化研究中心，强化气候变化监测预估和影响评估，并连续发布《上海市气候变化监测公报》。此外，上海建立了市区两级"一键式"突发事件预警发布系统，以提升极端天气气候事件的监测预警能力。在绿色基础设施建设方面，一是推动绿色基础设施建设，如海绵城市、地下管网等，以增强城市气候韧性；二是通过智慧交通系统和节能社区的设计，减少城市的碳足迹；三是探索利用节能技术、可持续材料和生态建筑原则，以减少建筑的能源消耗并增强气候变化适应性，同时推动产品设计领域的技术创新，延长产品生命周期，推动循环经济的发展。在数字化和智能化

---

[1] 钟开斌：《推进韧性城市建设的重大意义和重点任务》，《中国应急管理科学》2023 年第 2 期。

管理方面，上海建立了数字化管理平台"一网统管"，相当于城市的大脑，由上海市城市运行管理中心进行管理，以提升城市的适应能力和管理效率。上海还选取崇明、临港和五个新城作为试点区域，强调重点突出、引领示范，打造适应气候变化的样板间，为超大城市适应气候变化模式提供有益经验。通过这些措施，上海正在努力提升其适应气候变化的能力，构建一个更加有韧性的城市，以应对未来气候变化带来的挑战。

上海水系统安全保障整体形势及存在问题。总体来说，上海的水环境质量和水安全保障整体形势是积极向好的，具体表现在以下几个方面：一是水环境质量迅速改善，上海实施水环境综合治理、水生态系统修复、水资源保障、绿色发展管控、长三角一体化示范区联保共治等任务，以提升水生态质量。近十年来，上海地表水环境质量实现了跨越式提升。2023年以来，上海市地表水环境质量继续保持改善态势，优于Ⅲ类的断面占比为96.3%，完全"消除"了Ⅴ类及劣Ⅴ类断面。二是防洪除涝、防汛防台体系逐步完善，上海正在构建由"2江4河、1弧3环、1网14片"组成的行洪、挡潮和除涝的防洪除涝体系和布局，以提升城市的防洪标准和除涝能力，如构建安全韧性的防汛减灾体系，包括黄浦江中上游堤防加高加固工程、河口闸工程，以及主海塘达标建设，提高城市防洪韧性。同时，上海建设了"上海市防汛防台指挥系统"，实现防汛信息"全面、实时、精准"和防汛处置"快速、联动、闭环"的目标。三是水安全保障能力显著提升，上海逐步推进长三角优质水资源一体化配置，提升原水品质，谋划跨区域长江口水库链或取水口上移方案，提升长江口水源地抗风险能力，如黄浦江上游金泽水库的建设，以及太浦河清水走廊的建设，确保饮用水安全。四大集中式饮用水水源地自2018年以来每月水质达标率均为 100%，确保了饮用水的安全。四是水网建设规划逐渐落地，2023 年 12 月上海市人民政府批复了《上海市水网建设规划》，聚焦水资源配置、防洪除涝减灾、水生态保护治理等核心功能，全面提升水安全保障和风险防控能力，提出到 2035 年全市水网基本建成，水资源保障水平和战略储备能力明显提升，水旱灾害防御能力显著提升。这些措施共同构成了上海水安全保障的全面框架，旨在提升城市的水资源管理、水环境治理、供水安全和防洪减灾能力，确保水资源的可持续利用和城市的水安全。

上海在水环境质量和水安全保障方面采取了一系列措施，取得了显著成效，但仍需持续努力以应对挑战，目前主要存在以下几个方面的问题：一是泵站雨天放江问题，中心城区河道的市政泵站在雨天放江时会排放含有污染物的污水；二是农业面源污染问题，以郊区河道为主的农业面源污染，由于农业施肥灌溉集中在特定时期，与降雨周期叠加，水质明显劣于其他月份；三是中心城区河道水动力不足，部分河道因施工阻隔或断头河，或因咸潮入侵导致水体封闭，导致河道自净能力下降；四是水源地水质风险依然存在，受全球气候变化、海平面上升、极端天气频发等因素的影响，长江口咸潮入侵的风险增大；五是防洪体系尚有短板，部分区域河势仍有不利影响，扁担沙右缘固定工程未实施，对南支下段的河势控制稳定不利；六是河湖生态脆弱，需加快修复，水绿融合、林水复合不足，河道滨水空间的建设品质和水文化的弘扬仍需提升；七是管理调度粗放，如水利设施监测点覆盖不全，感知数据质量管理有待提高，难以满足全市统一调度和精细化调度的需求。以上问题需要进一步采取措施，包括加强水污染源头防控、深化水污染综合治理、抓好突出问题闭环高质量整改等，以提升水环境质量和水安全保障水平。

　　基于系统韧性理念的城市水系统构建思路强调自适应、自组织、自协调发展的系统韧性理念，通过提升城市水系统抵抗风险能力，如用水保障与洪涝灾害的自适应能力、针对多元功能和景观形态的自协调能力、针对多元主体参与建设发展的自组织能力，从根本上解决城市水系统"安全—品质—活力—实施"等系统性问题，从而实现可持续和高质量发展。首先，城市水系统韧性提升建立在水系安全格局的系统化建构基础上，即满足涉水安全韧性。其次，展开城市水系统的多元功能化使用，提升自协调水平。最后，结合具体功能兼容发展情况，针对性地制定多方共建共享的实施策略，确保城市水系统韧性建设顺利实施。

　　首先是水系统安全格局构建。建构城市水系生态安全格局是提升水系统复合效益的基础工作，主要包括城市水源保障、水系连通、涉水工程协调等内容。一是通过区域统筹城市水源供给。根据长三角水资源分布与水利工程，确定上海城市河道取水口及城市远景水源地，明确城市水系的水体补充来源，划定水源保护区范围并制定管理措施。二是开展水系连通。通过建设人工河渠将城市各条水系有序连接，避免部分水系孤立存在，形成连通性良好的活水水网体系，并在此基础上形成水渠、湿地、人工湖等多样化水体形态，兼具城市行洪排涝、蓄洪调节、净化污染物等功能。三是通过涉水工程协调。构建城市涉水基础设施网络，包括城市水系统、城市滨水绿地系统、涉水防灾与防护绿地系统，形成高质量的供水保障和水生态环境系统。

　　其次是水环境质量保障构建。能够确保水环境稳定达标，能够应对外来冲击和干扰（包括水量冲击、水质冲击和其他不确定性的一些影响），受到一些冲击后能够快速恢复到之前的稳定状态。一是采用分布与集中相结合的方式，合理布局城市污水处理厂，包括合理划定污水处理厂服务范围；现状服务范围过大的污水处理厂，要考虑缩减分区；合理确定各污水厂的规模，单个污水处理厂规模比例不宜过大；考虑分布式污水处理布局；污水处理厂选址避开地震断裂带、洪涝高风险区、地质灾害易发区；将外水浓度与污水厂新建相结合，降低污水处理厂旱天运行负荷率；深入推进污水系统提质增效，降低管网液位。二是对河湖进行生态修复，增强自净能力。如改造生态岸线，增强生物多样性，营造生态空间来开展河道生态修复，同时还能确保雨天的行洪安全。推进海绵城市建设，建设连续完整的生态基础设施体系。三是做好污水收集系统建设，工业废水单独收集单独处理。对于少部分经过评估，可生化性好，且达到一定标准的工业废水，可以进入市政污水系统，但是必须加强监管。调蓄和一级强化处理都是控制溢流污染必要但不充分的条件，其他系统性的措施还有源头减排，控制雨水径流；合理的截留倍数；从系统中挤出外水；溢流时漂浮物的控制；可调节的溢流堰（智能截流井）；污水处理厂旱天的低负荷运行；合理的调度控制等。[1]

最后是开展水系统适应性构建规划。适应性规划是指为预防未来潜在的气候变化风险对城市造成的不利影响而采取的有计划的、系统的、前瞻性的适应政策和行动，以城市规划的方式确保城市能够更好地抵御自然灾害，提高城市水系统韧性。一是加强极端天气的预测与影响评估。灾害风险评估是适应性规划工作的基础，需要不断加强未来气候变化趋势预测、城市水系统脆弱性分析和风险评估等方面的研究，同时建立完整的水系统数据库和水灾害情景模拟平台，模拟规划构建多灾种、多尺度的大型实验基础设施对水系统韧性的提升作用。

---

[1] 华智亚：《韧性思维、韧性基础设施与城市运行安全》，《上海城市管理》2021年第1期。

二是完善适应性规划编制体系。适时推进应对气候变化的适应性规划研究工作，针对暴雨、洪涝等不同的极端气候类型，明确规划目标并制定详细的适应性规划措施，并将其成果纳入总体规划层面，落实安全韧性的城市水系统布局、防灾基础设施、泄洪廊道等重要内容。三是构建全民参与的水系统韧性提升机制。将气候适应目标纳入政策体系，强调城市政府的统筹作用和气候专业的研究支撑。在技术方法方面，加强针对气候变化趋势影响以及灾害风险评估的研究和应用，识别城市关键气候风险并形成应对策略。构建完整的策略框架体系和实施监测机制，围绕气候韧性建立"目标—策略—指标"的整体策略框架体系，聚焦社区、建筑、基础设施和滨水区等重点领域，通过关键工程建设、市民参与、政策制定、科学预测和评估等使城市更具韧性，并落实到相对应的指标体系。

关于上海水系统韧性建设的经验及建议：

一是开展数字化应用，通过数字化转型，加强城市运行管理智慧化，提高城市治理的科学化、精细化、智能化水平。积极推广现代信息技术在韧性安全城市建设领域的运用，加强智能化工具开发，提升跨部门、跨层级、跨区域、跨业务、跨系统的服务管理能力，高效监测潜在风险，有力保障安全运行。如建立水网的实时监测和数据分析系统，实现对水资源的高效管理和调度。

二是提升供水系统安全保障，加快标准提升和设施更新，建设具有"缓冲性、多功能性、冗余性、多样性、自适应性"的韧性基础设施。如保留全市备用及应急取水工程，构建多水源联合调度体系，提升咸潮严重入侵、突发污染、事故、重大设施维护等多种非常规工况下供水安全保障能力。同时，优化水厂布局，推进供水管网和区间连通管线建设，提升供水保障效率，推进地下水应急供水保障监控系统建设。

三是加强风险预警能力，坚决维护城市公共安全，加强政社协同，形成灵活转换的平战结合机制，切实保障城市安全。加强风险等级评估，细化各级各类应急预案响应体系和分级响应程序，准备启动战时响应。如提升水旱、气象、地震、海洋、地质、农林生物及森林火灾等灾害以及城市生命线、人员密集场所、居民区及商业区重特大火灾事故等风险预警能力。

三、构建综合治理的协同机制

在突发事件频发、风险日趋复杂的当下，探索构建风险治理新范式，重塑风险治理方式和升级风险治理体系刻不容缓。应充分把握今后一段时期处于充满危机的战略机遇期的时代特征，提出基于场域构建全过程管控、多层级协作、系统性防范的风险治理体系，构造更紧密的社会网络和更有效的社会规范强化场域的韧性、形成风险治理合力，促进风险治理的制度优势转化为治理效能，切实保障人民群众日益增长的安全需求。

我国自 2003 年便建立了以"一案三制"（应急预案、应急体制、应急机制、应急法制）为核心的应急管理体系，以"风险评估 + 应急管理 + 抢险救灾"为核心形成的传统风险治理，在相当程度上有效地避免或控制了风险的发生、演变，但其实质始终是以问题为导向、侧重于突发事件发生后的应急管理即"应急—响应"，经常遭遇"预警不准"与"控制不住"的尴尬。风险治理的制度建设也属于"事件驱动"型的事后补救，距离"居安思危、未雨绸缪"的前瞻性要求也总是"慢半拍"，难以实现风险治理的常态化应对，难以完成风险事前预警和事后影响阻断。

在当前百年变局的大背景下，风险的突发性、多样性、动态性、复杂性、衍生性、高危性、对抗性等特征凸显，涉及主体多元且主体间关系复杂，小风险演变成大风险、局部风险发展成全局风险、单一风险扩展到其他领域甚至演化为多领域风险、系统风险的可能性大增，传统风险治理体系难以有效预判预警重大风险、及时响应突发风险事件、遏制风险衍生影响。上海作为链接全球的超大规模城市，如何在做好城市安全常态长效管理的基础上，加强极端情况下城市应急处置和基本运行保障体系建设，如何从疫情防控中汲取经验教训，在减负担、强效能中深化风险治理与社会治理的协同创新，提升城市管理精细化水平，如何提升风险治理能力和化解重大风险的能力，如何重塑风险治理机制，从而推进风险治理体系与治理能力现代化，是当前亟待解决的问题。

应立足于整个风险体系，将"突发事件—危机"的风险过程置于场域把握其转化机制和内在逻辑，基于场域优化管控构建风险治理新范式，实现从传统"应急管理"到"风险治理"的转型。这里，将风险定义为突发事件发生在特定场域并经由场域作用造成或者可能演变成危机的过程，也可以说风险是"突发事件—危机"在特定场域内的关系或过程。因此，风险体系包含了突发事件（源头）、危机（后果）以及从"事件到危机"转化或演变所处的广泛联系、相互链接、动态发展的场域。突发事件、危机、场域是构成了风险体系的重要方面，突发事件和危机是风险过程的"因""果"，二者之间作用机制及逻辑关系，则取决于其所处的复杂的社会经济文化和自然环境中的各种要素及其相互关系，而这种广泛联系、相互链接、动态发展的复杂关系，就是"场域"。

风险治理中的场域是指不同的行动者，各自所处的位置、占据的资源，以及由"行动者—位置—资源"所构成的多维区域空间和动态关系网络，即场域既包含地理学或规划学的物理空间（时间性、空间性），又包含社会学的关系（复杂性）。突发事件与危机通过特定场域而产生关联，而突发事件及危机又改变着场域，甚至可视为场域的组成部分。风险、突发事件、危机、场域的关系及其内在逻辑见图6-1。

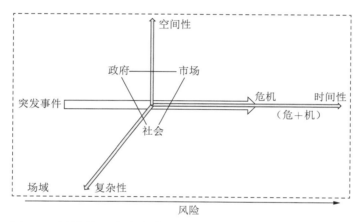

图 6-1　风险体系中突发事件、危机、场域的内在逻辑关系

基于场域优化管控构建风险治理新范式，有三重作用：一是场域作为风险事件发生的背景或"场所"，能够解释突发事件到危机的演变规律和内在逻辑；二是场域作为风险体系或风险过程的各要素、关系的系统与综合，场域的特点将深刻影响风险治理的成效，能够以优化场域为抓手管控由突发事件向危机转变的进程；三是场域作为特定的时空区域和复杂关系下各主体、要素及其关系所构成的复合系统，具有可识别、可描述、可测度、可优化性，能够通过以场域优化为主的常态化管理，实现风险治理及其突发事件与危机真正的"源头预防"。

因此，实现常态化风险治理就要抓住场域优化管控这一"核心"，对典型风险场域进行描述，通过风险场域的管控、优化、升级，强化场域的韧性与弹性，进而隔离、阻断或缓和、弱化突发事件和危机的联系，实现化危为机、转危为安，掌握风险治理的主动权，实现风险治理体系的升级。

具体需要从两个方面着手：一方面，场域具有时间性、空间性、复杂性，场域中社会经济文化、自然环境背景及主体间的关系会因时间、地点的不同存在差异，不同突发事件之间还可能发生传递、转化与累积叠加，当多个突发事件同时或连续发生，便成了彼此的场域因素；另一方面，场域变化的动力是社会资本，社会资本是行动主体之间的关联，包括社会网络、风险文化和由此产生的社会信任，通过推动政府、市场、社会作为三大行动主体沟通协作，能够构造更紧密的社会网络和更有效的社会规范，强化场域韧性。

从当前或传统的应急管理、危机管理转向基于场域的风险治理任务艰巨，需把握场域的特性和转化动力机制进行优化管控。具体建议如下：

一是基于场域及其"时间性—空间性—复杂性"，构建风险治理新范式，实现风险全过程管控、多层级协作与系统性防范。

首先，做好风险治理的全过程管控。对高风险企业和建设项目的规划、开发建设、实施运营以及废弃处置进行全过程监管，要基于场域研究风险传播、演变、发展的社会、经济、环境路径与过程，一体化开展事前的风险识别、评估、预警，事中的风险控制以及事后的应急、追责和修复补偿，在决策前开展风险的预见性评估，在决策实施中开展风险的跟踪评估，在决策后开展风险的回顾评估，实现风险的源头严防、过程严管、后果严管。

其次，做好风险治理的多层级响应。要做实并充分利用好长三角区域一体化、市、区、街镇、社区及企事业单位等各层级，将相应职责按不同行政层级进行分解，市级做好风险制度体系优化，区级做好责任落实，街镇做好一线工作，社区做实基层发挥"前哨"作用，培育群众风险意识和避险能力，将加快治理体系和治理能力现代化的功夫用在平时，实现风险治理的纵向协同。

再次，做好风险治理的系统性统筹。针对风险或突发事件的综合性与专业性，做好协调与统筹，强化风险治理的系统性、整体性、协同性，构建统一指挥、专常兼备、反应灵敏、上下联动的风险治理体系。尽早识别出系统性风险发生的场域特征，尤其是导致风险累积叠加的关键因素，最大程度降低或阻断风险演进与危害蔓延，防止单一风险到系统性风险的演变，同时注重同一行政层级不同部门之间、不同空间区域或空间类型之间及政府、社会、企业等不同主体之间的沟通协作，实现风险的联防联控、协同治理。

二是促进场域内的社会和谐，构造更紧密的社会网络，实现风险信息共享，优化场域，提高化解重大风险的能力。

一方面，通过有效的风险沟通，实现风险信息的共建共享，促进联外网络的形成，促进知识、技术、观念在场域网络中的有效、及时传播。以公开透明，动态准确的权威信息发布，稳定风险预期。政府应加快构建多向风险沟通机制，为各方主体的组织化、制度化参与风险治理提供平台与渠道，确保风险信息的及时传递与反馈，规避不同层级政府、同一层级不同政府部门和不同地方政府、"政府—市场—社会"以及社会公众不同群体之间因信息不对称或信息失真产生冲突，塑造风险沟通的新型合作关系。另一方面，明晰风险事件发生演化过程中涉及的各类主体所扮演的角色与承担的风险权责及相互间的利益关系，促进聚内网络的形成，强化信任关系，促成集体行动。具体来说，政府应肩负深化改革和创新管理方式、建构风险防范长效机制的责任，要强化责任落实，构建横向到边、纵向到底的责任体系；市场应通过经济杠杆驱动安全生产及风险预防的项目与研究；企业应压实风险责任体系，做好设备检修和项目风险管理；社会组织需要肩负起避险知识科普宣传和舆论引导的责任；社会公众则应监督政府风险防控职能履行情况与企业安全生产行为，提升自身风险防范意识，促进风险治理的共建共治共享。

三是加强风险治理制度建设、塑造更有效的风险社会规范，优化管控场域，提高风险治理能力。

一方面，建立健全风险相关制度规制（正式制度与非正式制度），规范各主体风险行为，抓好应急预案、应急体制、应急机制、应急法制"一案三制"，加强风险识别、评估、预警、应急、追责和修复等方面的制度建设，建立将应急管理体系、安全保障体系"合二为一"的风险治理体系，加强风险治理能力建设，加大专业执法监管队伍建设，提升执法能力，规范政府监管职能与执行能力，提高企业安全生产和环保工作能力，最终不断满足公众的安全需求和风险治理的参与能力。另一方面，加快培育风险文化，提升各主体的风险意识与信念。通过风险知识培训、应急演练、风险管理案例讲演、书籍标语宣传等形式并加以常态化，增强各主体内部人员对风险治理的价值认同，形成互惠互信的道德规范，推动政府、市场和社会间形成良性互动与协同共治。

四是鼓励开展风险治理新范式的理论研究与实践。

首先，筛选或确定出重点区域、企业，收集其应急预案，进行应急管理的国家和地方立法、应急预案和应急管理五年规划等制度文本分析，应急管理及相关部门和人员的深度访谈，收集该区域风险场域及风险治理的指标及相关数据，分析风险治理各类主体在风险场域中的行动逻辑——理念、利益、行动与策略及相互关系，评估其风险场域。

其次，对风险典型事件的梳理与回溯分析，回顾或推演已经发生的风险事件的过程，研究构建该事件的场域，并将该事件"带入"其他场域进行模拟与检验，如通过调查追溯上海石化爆炸事件的起因过程、处置响应、结果影响情况，建立事件的场域模型和响应模式，能够为防范和处置同类型事件提供借鉴参考。

再次，通过场域优化管控，提出提升风险治理体系与治理能力、改进与完善包括应急预案在内的风险治理制度的政策建议。

第七章

讲好美丽中国建设的"上海故事"

上海是中国走向世界的重要门户，也是世界了解中国的重要窗口。美丽上海建设，不仅生动演绎了人与自然和谐共生现代化的内涵和特征，同时更好地向世界展示了美丽中国建设和人与自然和谐共生现代化的"上海故事"。

一、方厅水院：区域一体化制度创新

一个叫方厅水院的项目，横跨沪苏浙三地，被称为长三角原点，正在太浦河上游如火如荼地建设中。方厅水院采用四合院形制，沿中轴线设置会议中心（主会馆），四角为沪苏浙皖4个主题展示馆并通过3座步行桥相连。"方厅"寓意天圆地方，"水院"突出江南特色，其设计灵感源于中华传统营城理念中的"方正形制"与江南古典园林营造中的"向心水院"。从空中俯瞰，方厅水院恰似一粒纽扣，实现了两省一市交界地跨域跨河的互联互通，既体现了长三角城水共生、区域共享，更寓意着三省一市向心汇聚、一体发展。方厅水院项目于2023年破土开工，主体工程已经完成，预计2025年6月将建成投入使用。建成之后，方厅水院将成为跨域人文交流、举办国际会议和会展等的重要场所，带动区域发展的活力之源，集中实践和示范城水共生、活力共襄、区域共享的发展理念，打造长三角科技创新、产业创新、协同创新的集中展示地，进一步完善和丰富水乡客厅公共交流空

间，为长三角一体化示范区发展提供"心"动能。具体见图7-1。

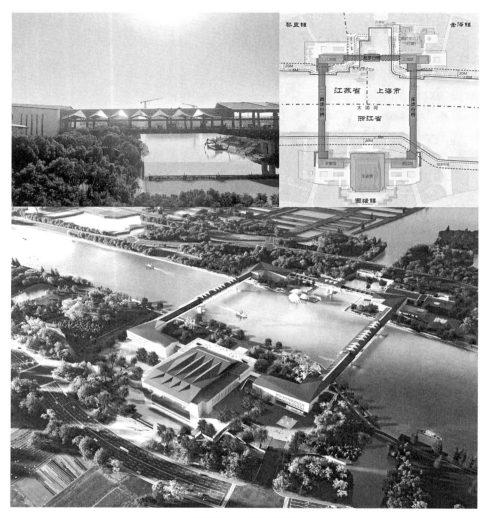

图 7-1　方厅水院

长三角自然条件优越、生态与人居环境良好、社会经济发展水平高，是我国经济发展最活跃、开放程度最高、创新能力最强的区域之一，其发展具有极大的区域带动和示范作用。从中国版图看，漫长的东部海岸线宛如一张蓄力已久的长弓，长江经济带就是蓄势待发之箭，而长三角正是箭镞。长三角地区应紧扣"一体化"和"高质量"

两个关键词，通过一体化协作治理好和保护好区域生态环境，实现绿色低碳为底色和亮色的高质量发展，建设美丽中国的长三角先行示范区。

推动长三角一体化发展是习近平总书记亲自谋划、亲自部署、亲自推动的重大战略。2018年11月5日，习近平主席出席在上海举行的首届中国国际进口博览会时郑重宣布，支持长江三角洲区域一体化发展并上升为国家战略。2019年11月1日，长三角生态绿色一体化发展示范区正式揭牌成立，明确了建设示范区是实施长三角一体化发展战略的先手棋和突破口。示范区横跨沪苏浙两省一市，地理相近、人文相亲，在一体化发展方面具有较好的基础。然而，这里又长期被称为"通而不畅、汇而不集"的地区。"通而不畅"是指这里只有高速公路、国道、省道等，缺少支路网系统、慢行系统等支撑日常出行的交通体系；两省一市在这里交汇，但是要素资源并没有在此集聚，"汇而不集"使得区域的发展没有形成合力。

2019年12月起，《长江三角洲区域一体化发展规划纲要》《长三角生态绿色一体化发展示范区总体方案》《长江三角洲区域生态环境共同保护规划》《长三角生态绿色一体化发展示范区国土空间总体规划（2021—2035年）》以及《关于支持长三角生态绿色一体化发展示范区高质量发展的若干政策措施》《关于促进和保障长三角生态绿色一体化发展示范区建设若干问题的决定》《长三角生态绿色一体化发展示范区生态环境管理"三统一"制度建设行动方案》等文件先后出台指导示范区建设。具体见图7-2。

长三角一体化发展，必须增强一体化意识，坚持一盘棋思想，从体制机制上打破地区分割和行政壁垒，为一体化发展提供制度保障。上海，作为承载国家使命、国家发展战略格局中的支撑点，在长三角

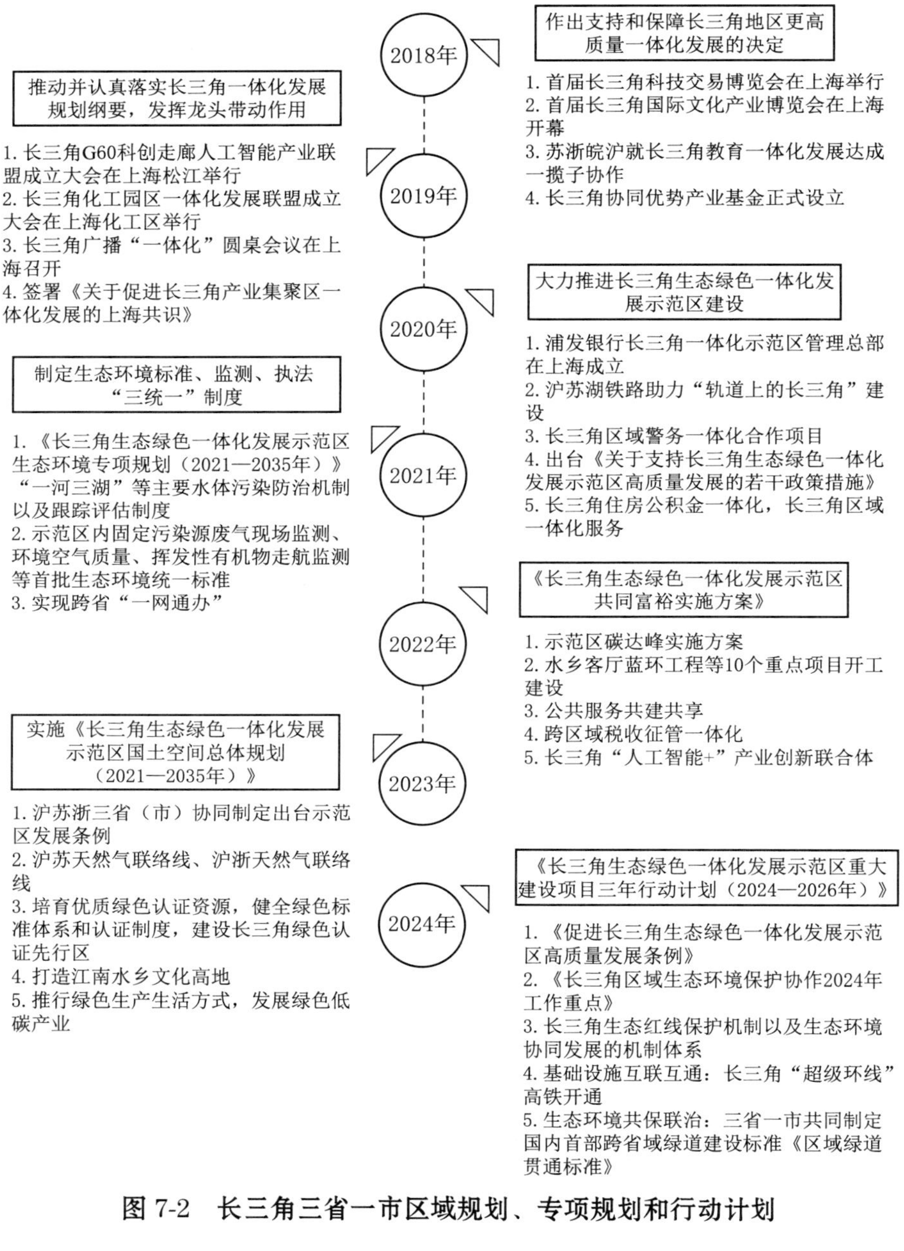

2018年

作出支持和保障长三角地区更高质量一体化发展的决定

1. 首届长三角科技交易博览会在上海举行
2. 首届长三角国际文化产业博览会在上海开幕
3. 苏浙皖沪就长三角教育一体化发展达成一揽子协作
4. 长三角协同优势产业基金正式设立

推动并认真落实长三角一体化发展规划纲要，发挥龙头带动作用

1. 长三角G60科创走廊人工智能产业联盟成立大会在上海松江举行
2. 长三角化工园区一体化发展联盟成立大会在上海化工区举行
3. 长三角广播"一体化"圆桌会议在上海召开
4. 签署《关于促进长三角产业集聚区一体化发展的上海共识》

2019年

2020年

大力推进长三角生态绿色一体化发展示范区建设

1. 浦发银行长三角一体化示范区管理总部在上海成立
2. 沪苏湖铁路助力"轨道上的长三角"建设
3. 长三角区域警务一体化合作项目
4. 出台《关于支持长三角生态绿色一体化发展示范区高质量发展的若干政策措施》
5. 长三角住房公积金一体化，长三角区域一体化服务

制定生态环境标准、监测、执法"三统一"制度

1. 《长三角生态绿色一体化发展示范区生态环境专项规划（2021—2035年）》"一河三湖"等主要水体污染防治机制以及跟踪评估制度
2. 示范区内固定污染源废气现场监测、环境空气质量、挥发性有机物走航监测等首批生态环境统一标准
3. 实现跨省"一网通办"

2021年

2022年

《长三角生态绿色一体化发展示范区共同富裕实施方案》

1. 示范区碳达峰实施方案
2. 水乡客厅蓝环工程等10个重点项目开工建设
3. 公共服务共建共享
4. 跨区域税收征管一体化
5. 长三角"人工智能+"产业创新联合体

实施《长三角生态绿色一体化发展示范区国土空间总体规划（2021—2035年）》

1. 沪苏浙三省（市）协同制定出台示范区发展条例
2. 沪苏天然气联络线、沪浙天然气联络线
3. 培育优质绿色认证资源，健全绿色标准体系和认证制度，建设长三角绿色认证先行区
4. 打造江南水乡文化高地
5. 推行绿色生产生活方式，发展绿色低碳产业

2023年

2024年

《长三角生态绿色一体化发展示范区重大建设项目三年行动计划（2024—2026年）》

1. 《促进长三角生态绿色一体化发展示范区高质量发展条例》
2. 《长三角区域生态环境保护协作2024年工作重点》
3. 长三角生态红线保护机制以及生态环境协同发展的机制体系
4. 基础设施互联互通：长三角"超级环线"高铁开通
5. 生态环境共保联治：三省一市共同制定国内首部跨省域绿道建设标准《区域绿道贯通标准》

图 7-2　长三角三省一市区域规划、专项规划和行动计划

绿色发展、一体化发展中扮演着核心角色，是"龙头"。建设美丽上海应集聚辐射优势，通过强化自身功能、推动区域合作、基础设施互通、产业协同、体制机制完善、生态环境共保联治、立法保障、政策支持等多方面工作，引领长三角更高质量一体化发展，为长三角地区的绿色发展和一体化发展提供强大动力和有力保障。

在管理体制上，由上海牵头，长三角一体化进程中的第一个跨行政区划的常设机构长三角区域合作办公室（简称"长三办"）于 2018 年 1 月在上海正式设立。来自沪苏浙皖三省一市的 20 多位干部，不再是原单位的科长、处长、局长，没有职级高低，跨越行政区划，共同成为长三角的"店小二"。长三办共设置三个工作组。其中，综合组主要负责重要规划计划和方案的编制，以及重点合作事项的协调调度；重点区域工作组主要负责沟通协调长三角生态绿色一体化发展示范区、G60 科创走廊、虹桥国际开放枢纽等，这些跨区域的组团，能让板块实现更好的联动；生态环境、国土空间规划、交通、科技创新、数据等共 17 个专题合作组，主要负责推进三省一市重点领域联动。长三办同样注重致力于从市场角度推动区域一体化，形成了长三角企业家联盟、示范区开发者联盟、长三角医药创新发展联盟、长三角国家技术创新中心等市场化组织，作为推动长三角一体化的内生动力，更好撬动市场和社会力量共同推进长三角一体化向纵深推进。[1]

示范区内实行的是"理事会 + 执委会 + 发展公司"的三重管理架构，首创理事会、执委会、发展公司、开发者联盟四位一体、高效协作的治理模式。其中，理事会由两省一市（上海市、江苏省、浙江

---

[1]《设立在上海！这个政府单位很特殊，科长、处长、局长在这没有职级高低……新一轮改革来了》，上观新闻，2024 年 12 月 4 日。

省）联合成立，是示范区建设重要事项的决策平台，负责研究确定一体化示范区发展规划、改革事项、支持政策，协调推进重大项目；执行委员会作为示范区开发建设管理机构，负责示范区发展规划、制度创新、改革事项、重大项目、支持政策的具体实施，重点推动先行启动区相关功能建设；发展公司是由两省一市共同遴选具有丰富开发经验的市场化主体，共同出资发起成立的，受一体化示范区执行委员会委托，作为先行启动区的建设主体，负责基础性开发、重大设施建设、功能塑造等。开发者联盟是在示范区执委会的统筹指导下，由市场主体和专业机构按照平等、自愿、互利、共赢的原则共同发起，旨在通过业界共治推动示范区建设，构建新机制，传播新理念，并整合各方资源，形成跨区域协同治理的创新模式。联盟的创始成员包括中国长江三峡集团、阿里巴巴集团、华为技术有限公司、复旦大学、普华永道等，后续又有国家绿色发展基金等国企、央企陆续加入。体现了"有为政府与有效市场"推动一体化发展的双轮驱动。具体见图7-3、图7-4。

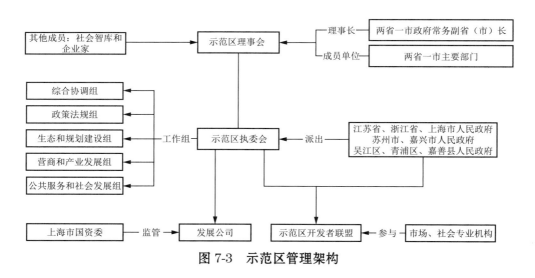

图 7-3　示范区管理架构

图 7-4　示范区开发者联盟

　　示范区成立以来，始终以生态绿色为其特色与底色，着力打破地区分割和行政壁垒，坚持"把绿色低碳发展作为解决生态环境问题的治本之策"，积极探索"以高品质生态环境支撑高质量发展"，以环境治理现代化、区域一体化发展和跨界治理的制度创新，为长三角实现人与自然和谐共生现代化探索路径和提供示范。

　　形成绿色低碳发展的新高地。近年来，长三角三省一市及示范区紧扣"高质量"、服务国家现代化建设大局，努力共建中国式现代化建设引领区。

　　习近平总书记指出："绿色发展是高质量发展的底色，新质生产力本身就是绿色生产力。"[1]示范区应充分体现其"生态绿色"的基本特征与功能定位，不仅要厚植高质量发展的绿色低碳底色，而且要探索以高品质生态环境支撑高质量发展。

　　首先，大力发展绿色经济。作为示范区先行启动区的核心区域，西岑科创中心东靠拦路港、北邻淀山湖生态绿核、南临北横港蓝色珠链，地铁 17 号线与上海主城紧密相连，G50 沪渝高速和沪苏嘉城际线联通江浙，围绕西岑站枢纽已经形成了"东西两片、一体两翼"的科

---

[1]《习近平在中共中央政治局第十一次集体学习时强调　加快发展新质生产力　扎实推进高质量发展》，《人民日报》2024 年 2 月 2 日。

创格局：东侧为华为青浦研发中心，是华为公司全球战略布局龙头项目之一；西侧为西岑科创园区，是长三角投资（上海）有限公司整体开发建设的世界级科创小镇。其中，西岑科创中心以水乡公园为生态底色，践行绿色发展理念，凭借水路环绕、干道纵横的地理优势，以自然水系为脉，勾勒出"一园双核九岛"的空间格局，再现了蓝绿结合的生活环境和人水和谐共生的江南水乡生活方式，呈现出新时代的水乡城市发展新范式。

　　江南古镇古风古韵、如诗如画，传承和发扬着江南民俗风情、建筑风貌、水乡风味，是长三角地区尤其是示范区专属文化符号之一。示范区要依托其独特的天然湖荡、阡陌田园、历史古镇等自然及人文资源和生态环境优势，集聚创新、资本、人才等要素资源，不仅提升旅游休闲、健康养生已有产业的品质和能级，还要着力培育发展文化

图 7-5　上海古镇：朱家角、金泽、书院

体育、节能环保、绿色低碳、绿色金融以及"+农业""农业+"（生物科技农业、创意农业、观光农业）等新产业新业态。

其次，丰富绿色经济发展途径。一方面，示范区要全面推进清洁生产，促进重点领域和重点行业节能降碳增效，做强做优绿色低碳产业，建立健全绿色产业体系。另一方面，示范区要推广实施园区、社区、校区等的新能源、低碳与生态治理技术改造，形成并不断丰富新技术、新工艺、新设施的应用场景，培育绿色发展的新需求和新动能。方厅水院，未来将综合利用建筑外围护、水源热泵等可再生能源高效机房以及建筑光伏一体化、智能微电网、数字能源智控等技术，将自身打造成国内领先的"近零碳大型公共建筑"。

再次，大力发展绿色生产力。绿色生产力，意味着全面推进生产力构成要素及其组合、配置的绿色化。其中，劳动者是生产力中最活跃的因素。既要提高劳动者的生态意识、生态觉悟和生态素养，尤其是生态知识水平以及将知识转化为实践的能力，又要不断满足人民群众对美好生活、优美环境的需要。一方面，要让人民群众创造并享受包括良好生态环境和舒适人居环境在内的高品质美好生活；另一方面要凝聚人民群众的智慧，形成建设美丽中国、美丽长三角的蓬勃力量。

2023年，长三角经济总量为GDP 30.51万亿元，已与德国、日本相当，其中"万亿城市"增至9个；人均GDP超1.8万美元，趋近中等发达经济体水平。高技术制造业产值占全国比重达到31.1%，其中集成电路、生物医药、人工智能产业规模分别占全国3/5、1/3、1/3，新能源汽车产量约占全国2/5、全球1/4，"新三样"共出口5419.2亿元，占全国51.2%。2024年，"超级环线"高铁开通，长三角高铁营业里程已超7600公里，较2018年的4150公里增加超80%。以4%

的国土面积，集聚了全国约 17% 的人口，创造了全国近 1/4 的经济总量。无疑，长三角三省一市是中国经济最活跃、开放程度最高、创新能力最强的区域之一，是中国高质量发展的高地。

树立环境治理现代化的新样板。示范区持续深化生态环境共保联治，主要功能框架基本形成。一方面，要改变传统治理的碎片化，实现跨要素、跨部门、跨领域的协调治理。无缝衔接的生态保护红线、共同保护的重要生态屏障、生态廊道等，在水治理上不仅形成了水资源、水环境、水生态、水安全、水文化联动"五水"共治格局和协同机制，而且进一步扩大到大气、水、土壤等不同环境要素污染的综合防治，再到减污降碳的协同，以及减污、降碳、增长、扩绿的"终极"协同。另一方面，要打破"行区分割和行政壁垒"，实现不同地区、不同城市之间的跨界协作治理。既要实现跨界江河湖荡、丘陵山地、近海沿岸等自然与人文景观的有效保护和开发管控，又要建立跨界饮用水水源地联合保护和一体化管控、生态环境基础设施的建设运营管理与共享、重大污染和安全事故联合管控与应急处置机制，还要共同建立区域生态环境质量和污染源协同监管体系，统一监管执法。

示范区一大批生态环保、基础设施、科技创新、公共服务等重大项目建成运行。其中，西岑水质净化厂、淀山湖工程、江南圩田、桑基鱼塘等重点项目在"一厅三片"落地，元荡实现了 23 公里岸线贯通，湖荡整治及河湖连通等项目也正抓紧实施。尤其是注重小微尺度和项目实施期间的污染治理。方厅水院自 2023 年 5 月开工以来，坚持施工工艺优化，不仅提高了施工效率、减少了能源消耗，而且有效避免了泥浆排放造成的环境污染和水下施工的安全风险。施工场地采用土方自平衡技术，既能够减少土方外运，也能够保留耕植土，最大限度保留了"原生态"。

人居环境显著改善、生态质量明显提升。示范区地表水优Ⅲ类断面比例从 75% 上升到 96.2%，"一河三湖"（太浦河、淀山湖、元荡、汾湖）重点跨界水体水环境质量提前达到或优于 2025 年目标；空气质量指数（AQI）优良率从 78.4% 上升到 84.1%；自然生态质量状况稳定，生态质量指数（EQI）为 47.2，鸟类等珍稀物种的种类增加。尤其是 23 公里元荡生态岸线全线贯通，从曾经的劣 Ⅴ 类水质，到现在水清岸绿、鸥鹭翙飞、游人如织。元荡岸线成为长三角生态绿色一体化发展示范区的发展缩影。

图 7-6　连接沪苏的元荡桥

打造制度创新的试验田。作为长三角一体化先行先试制度创新的"试验田"，一方面，示范区始终注重制度创新。聚焦规划管理、生态保护、土地管理、要素流动、财税分享、公共服务政策等，探索行之有效的一体化制度安排，推进全面深化改革系统集成，高起点扩大开放，为长三角一体化发展提供示范。方厅水院作为全国首个跨域项目，按照原有模式，前期审批类事项就需要跑三地三个部门盖三个章。而在方厅水院项目推进过程中，通过签订合作协议、开展联合技术审查、互认审批结果、共同监管等，打破原有模式，拓展深化全流程一体化审批新模式，不断取得制度创新突破，提升了整体审批效能。

另一方面，示范区要注意归纳总结。目前已经建立了制度创新成果发布工作机制，按季度向社会公开发布，供长三角其他地区乃至全国有条件地区参考。2024 年 3 月 28 日，示范区执行委员会集中发布了生态环境共保联治领域探索形成的 4 项制度和实践成果，涉及生态环境准入、生态环境质量状况统一量化评估，以及跨界饮用水水源地共同决策、联合保护和一体管控机制和重点跨界水体的联防联控、协同治理及生态共建机制。这些制度创新成果，针对跨区域共保联治普遍性问题、重难点问题，取得较好的实施效果，可为全国其他重点地区推进生态环境共保联治、发展绿色生产力提供借鉴。

示范区制度创新取得明显成效。建立联合河湖长制，落实太浦河、淀山湖等重点跨界水体联保专项方案，47 个重点跨界水体实现了联合河湖长制的全覆盖，联合巡河、联合管护、联合监测、联合执法、联合治理的"五个联合"制度不断深化，共同提升跨界水体环境质量。在区域大气污染联防联控方面，实施船舶排放控制区措施，有效减少了船舶排放对空气质量的影响；制定并实施了首个区域秋冬季大气污染综合治理方案，共同应对大气污染问题；以机动车污染排放异地协同监管、长三角区域船舶排放控制区和低挥发性产品应用推广等为重点，加强区域联合执法；强化重污染天气应急联动，完善跨区域大气污染应急预警机制。两省一市相关部门协同示范区执委会开展了示范区生物多样性调查和评估，共同制定示范区生物多样性联合保护实施方案。示范区还出台了实施碳达峰碳中和工作指导意见、碳达峰实施方案和水乡客厅近零碳专项规划，推进实施生态产品价值实现机制方案，积极探索跨省域协同推动生态优势转化的有效路径；推进绿色金融一体化发展，出台绿色金融发展实施方案、绿色保险实施意见，开展绿色保险助力太浦河水环境保护等试点工作。

长三角一体化发展，三省一市实现了从"独奏"到"协奏"。上海要进一步提升城市能级，集聚更强大的辐射力和国际高端要素配置能力，从长江三角洲区域整体协调发展的角度，充分发挥中心城市的辐射带动作用，加强与周边城市的分工协作，打造具有全球影响力的世界级城市群。

二、世界城市日：城市让生活更美好

2024 年 10 月 31 日，以"共建人民城市，共享美好生活"为主题的世界城市日中国主场活动暨城市可持续发展全球大会在上海世博展览馆举行，来自国内外的政府代表、城市市长、专家学者、企业界人士以及国际组织代表约 350 人齐聚一堂，对城市可持续发展实践经验进行了深入探讨和广泛交流。

世界城市日，这个由中国政府在联合国推动设立的首个国际日，起源于举全国之力、集世界之智的 2010 年上海世博会。那场为期半年之久的绚烂多姿的盛会，向全世界展示了璀璨的世界文明、前沿的科技成果，为世界留下了宝贵的城市记忆，也让"城市，让生活更美好"成为全球共识。在闭幕式上，联合国、国际展览局和上海世博会组委会共同发表《上海宣言》(内容节选见专栏 7.1)，倡议将 10 月 31 日上海世博会闭幕之日定为"世界城市日"，让上海世博会的理念与实践得以永续，激励人类为城市创新与和谐发展而不懈追求和奋斗。2013 年 12 月 6 日召开的第 68 届联合国大会通过决议，决定自 2014 年起将每年的 10 月 31 日设为"世界城市日"。

《上海宣言》内容节选

50%以上的人已经居住在城市，我们的星球进入了城市时代，城市化和工业化在带给人类丰富现代文明成果的同时，也伴随着前所未有的挑战，人口膨胀、交通拥堵、环境污染、资源紧缺、城市贫困、文化冲突正在成为全球性的问题。由于历史和现实的原因，这些现象在发展中国家尤为突出。

中国2010年上海世博会在挑战中应运而生，在世博会历史上首次以"城市"为主题，通过"城市最佳实践区"和网上世博会等创举，总结实践经验，勾勒未来图景，对解决人类共同面临的难题进行了开创性的探索。

我们共同倡议，创造面向未来的生态文明。城市应尊重自然、优化生态环境，加强综合治理，促进发展方式转变，推广可再生能源利用，建设低碳的生态城市。大力倡导资源节约、环境友好的生产和生活方式，共同创造人与环境和谐相处的生态文明。追求包容协调的增长方式，城市应统筹经济和社会的均衡发展，注重公平与效率的良性互动，创造权力共享、机会均等和公平竞争的制度环境，努力缩小收入差距，使每个居民都能分享城市经济发展成果，充分实现个体成长。

我们呼吁，认真总结上海世博会展览展示，论坛和城市最佳实践区的思想成果，汇集各国城市发展的宝贵经验和人类探索城市发展的共同智慧，在全球范围内进行推广，与广大民众共同交流，为城市管理者提供城市建设和管理经验。

上海作为举办了2010年世博会并在"世界城市日"申设过程中

作出巨大努力与贡献的城市，经过国务院批准、联合国人居署同意，成为首个"世界城市日"系列纪念活动的主场城市。上海为此专门成立了"世界城市日事务协调中心"，以组织开展庆典、论坛、展览、宣传推广等日常活动，遴选全球范围内城市可持续发展领域的出色案例，更新《上海手册》，合作开展如理论培训、发行出版物等知识分享与传播等活动。

2014 年 10 月 31 日，以"城市转型与发展"为主题的首个"世界城市日"全球启动仪式在上海举行。"城市转型与发展"的主题也延续了上海世博会的主题，唤起了世界各国政府对城市发展转型问题的共同关注，并借助世界城市日的平台，开展国际性研讨，以共同应对城市转型的压力和挑战。之后"世界城市日"全球主场活动先后在意大利米兰、厄瓜多尔基多、中国广州、英国利物浦、俄罗斯叶卡捷琳堡、肯尼亚纳库鲁、埃及卢克索等地举办。

世界城市日主题里的上海声音。上海作为世界城市日的发起者与参与者，在住房和城乡建设部的支持下，与联合国人居署紧密协作，确定每年世界城市日的主题。通过世界城市日，融入中国城市可持续发展的理念与主张，对联合国新城市发展议程和全球城市可持续发展路径形成了积极影响。

2015 年"城市设计，共创宜居"的主题，反映了国际社会对城市设计问题的共同关注，也体现了城市管理者、设计者和市民之间的互动关系，表现出城市与居民共生的人文关怀。2016 年"共建城市，共享发展"主题和 2017 年的"城市治理，开放创新"主题，体现了对"联合国第三届住房和城市可持续发展大会"（简称"人居三"）这一重大历史事件的关切，同时也揭示了实现城市可持续发展的重要路径与终极目标，并与"人居三"公布的《新城市议程》（New Urban

Agenda）中突出强调的"包容性城市"和"包容性目标""城市治理"相呼应。2018 年以"生态城市，绿色发展"为主题，旨在倡导低碳、循环的绿色发展理念及行动，打造一个创新、协调、开放、共享、包容、安全且有韧性的生态城市，积极落实《联合国 2030 年可持续发展议程》，推动全球生态文明建设，构建人类命运共同体，共同建设更加美丽的世界。2019 年世界城市日主题为"城市转型，创新发展"，聚焦城市经济技术创新以及社会、文化、制度等领域的创新。2020 年"提升社区和城市品质"的主题，呼吁各国城市携手合作，在常态化疫情防控背景下，提升社区与城市治理能力，加强城市传统与非传统安全建设，建设包容、安全、韧性的幸福家园。2021 年世界城市日主题为"应对气候变化，建设韧性城市"，城市作为推进可持续发展的载体、开展气候行动的创新中心，通过开展适应气候变化的基础设施投资，全面提升城市韧性和社会包容性，将有利于减少灾害风险，增强应对气候灾害的抵御能力。2022 年以"行动，从地方走向全球"主题，呼吁让不同的合作伙伴和不同的利益相关者分享其在地方行动方面的经验、方法与成效，增强地方和区域政府的能力以创建更加绿色、公平和可持续的城市。2023 年世界城市日主题为"汇聚资源，共建可持续的城市未来"，旨通过整合各种资源以推动城市可持续发展。2024 年世界城市日主题为"青年引领城市气候和地方行动"，旨在展示地方政府和青年在应对城市气候挑战中的关键作用。具体见图 7-7。

世界城市日设立后，相继推出上海手册、上海指数、上海奖三大公共产品。《上海手册：21 世纪城市可持续发展指南》（简称《上海手册》），是一部由联合国人居署、上海市政府、国际展览局编写的城市可持续发展领域的国际文件，通过精选实践性强的案例，对全球城市

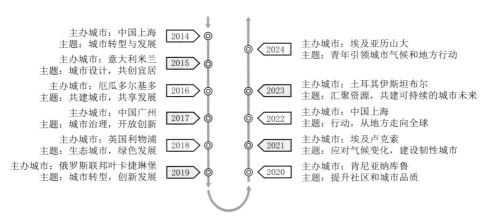

主办城市：中国上海
主题：城市转型与发展 **2014**

主办城市：意大利米兰
主题：城市设计，共创宜居 **2015**

主办城市：厄瓜多尔基多
主题：共建城市，共享发展 **2016**

主办城市：中国广州
主题：城市治理，开放创新 **2017**

主办城市：英国利物浦
主题：生态城市，绿色发展 **2018**

主办城市：俄罗斯联邦叶卡捷琳堡
主题：城市转型，创新发展 **2019**

2024 主办城市：埃及亚历山大
主题：青年引领城市气候和地方行动

2023 主办城市：土耳其伊斯坦布尔
主题：汇聚资源，共建可持续的城市未来

2022 主办城市：中国上海
主题：行动，从地方走向全球

2021 主办城市：埃及卢克索
主题：应对气候变化，建设韧性城市

2020 主办城市：肯尼亚纳库鲁
主题：提升社区和城市品质

图 7-7 2014—2024 年世界城市日主办城市和主题

发展与实践具有普遍的参考价值和指导意义。上海手册在每年的"世界城市日"期间会发布一版，按照"五年总编，每年报告"模式修编，全方位考验、考量、考察城市发展的肌理。截至 2023 年，各版《上海手册》共收录 48 个国家和地区的 203 个案例，提出 200 余条政策建议。

2024 版《上海手册》收录了来自 12 个国家和地区的 18 个重点案例，这些案例涉及城市更新、低碳转型、生物多样性和生态系统保护、海绵城市建设、文化遗产保护利用、社区治理、信息服务、科技与数字化创新等多个领域。

来自上海的两个"模范生"是上海全面进入城市更新阶段后出现的标杆。杨浦区长白新村街道 228 街坊曾是 20 世纪 50 年代兴建的工人住宅区，一度由于居住密度高、社区设施老化、环境脏乱、居住安全隐患多，成为活力衰退的老龄化社区。如今，经过各方青年团队共同努力，成为吸引青年入住和就业的青年友好社区。在更新改造中，长白 228 街坊引入了青年规划师和建筑师专业团队、社会企业及艺术家等力量，在政府、企业及社区的多方合作之下推动社区包容性更新，增强社区凝聚力和整体韧性。更新过程中，使用低碳技术进行改造，同时增加社区商业和公共空间，吸引青年群体入住、就业并参与社区文化建设。长白228街坊更新，就是"人人参与、人人负责、人人奉献、人人共享"的城市治理共同体以及基层治理体系和治理能力现代化有机结合的一个代表。以乐山公园为代表的徐汇区口袋公园建设，是公众参与、绿色低碳的典范案例。徐汇区通过见缝插针建设口袋公园，增加城市绿地面积，缓解城市热岛效应，改善了空气质量。在乐山公园的改造过程中，徐汇区通过调研听取民意，形成建设"正面清单"和"负面清单"，并与参与式设计方法相结合，尤其注重细节打磨，使得设计方案贴近居民需求。公园改造注重绿色生态理念和生态功能引领，通过生态营造及科普活动传播低碳理念。这些公园已经成为城市中的绿洲，为实现联合国2030年可持续发展目标提供了重要参考。[1]

上海指数即《全球城市监测框架——上海应用指数》，是我国住房和城乡建设部、联合国人居署和上海市政府共同研发的用以评估各国城市可持续发展水平的重要国际指数，是落实《联合国2030年可持续发展目标》和《新城市议程》的重要政策工具。

上海指数总体工作由上海市住房和城乡建设管理委员会牵头，会同同济大学、中国城市规划设计研究院等中外研究团队共同开展，总体分为研究与应用两大板块：指数研究包含指数框架、指标体系、评估反馈等内容，以及根据数据收集、分析等对指数框架和指标进行适应性调整，使之更具可操作性；指数应用则根据研究和测算结果，结合全球可持续发展城市奖（上海奖）、《上海手册》、联合国可持续发展城市旗舰项目等重要平台在全球范围内开展指数应用工作，以扩大

---

[1] 参见《世界城市日—上海手册》，上海世界城市日网。

指数影响力。

上海指数框架总体延续"全球城市监测框架"的设计理念和原则，即"5*4"的体系框架，"5"代表经济、社会、环境、文化和治理五个领域，"4"代表联合国2030年可持续发展议程第11项目标的四个重要子目标，并形成了"1＋N"的整体架构。其中"1"为综合指数，用于衡量城市可持续发展总体水平。"N"代表多项主题指数，将与城市日主题以及城市发展热点等议题结合，用于评估城市特定领域的可持续发展水平。

指标体系架构	安全、包容、韧性、可持续 Safe, Inclusive, Resilient, Sustainable			适应性指标 Adaptive Indicators
经济（Economy）				
社会（Society）				
环境（Environment）				
文化（Culture）				
治理（Governance）				
指标数量及占比	（70%—80%）			（20%—30%）

图 7-8　上海指数

研究团队通过对国际共识目标、任务和指标进行本土化和适应性调整，建构了"核心指标＋适应性指标"的指标体系，以适应世界各地城市的差异性。核心指标以国际通用性指标为主，确保各国城市全覆盖。适应性指标则对不同城市发展水平、人口规模、文化背景等进行分类分级，形成特色性指标。此外，指标数据获取采用定性指标与定量指标相结合，除了公开数据外，通过调查问卷等方式获得更多的公众参与意愿和行为的数据，从而确保上海指数设计更加的科学和人性化。[1]"上海指数"在实践中不断完善，已经成为上海奖评选的量化工具。2024年，研究团队形成了《上海指数综合指标使用指南》，对上海指数47个综合指标的定义、计算方式、数据来源进行了阐述，并提供了具体的应用方法、应用标准与应用场景。计划到2030年，上海指数在全球1000个城市实践应用，并形成以上海为中心的全球城市可持续发展知识共享与合作网络。上海指数不仅为全球城市提供了一个可持续发展的评估工具，还促进了国际在生态环境治理方面的合作与交流，推动了全球生态环境治理的进程；并将上海智慧、中国方案同联合国2030可持续发展目标有机结合起来，与全球城市分享，实现中国话语体系和联合国可持续发展话语体系的有效衔接。

上海奖作为世界城市日的最新成果，于2022年3月30日由联合国人居署联合上海市人民政府发起设立的国际奖项，旨在推动落实联合国2030年可持续发展议程特别是可持续发展目标11，促进《新城市议程》在全球的本地化，为实施联合国人居署重点领域工作和旗舰项目以及全球城市监测框架搭建平台。上海奖每年评选出在可持续发展方面表现卓越和进步较大的5个城市。2023年首届上海奖以"汇聚资源，共建可持续的城市未来"为主题，评选出了澳大利亚布里斯班、中国福州、乌干达坎帕拉、马来西亚槟城乔治市以及巴西萨尔瓦多5座城市，以表彰其充分整合各种资源以推动可持续发展，同时提升了各自城市的宜居性、包容性和共享性。2024年第二届上海奖，关注"幸福安居，满足多元住房需求""青年引领，建设活力社区""创新发展，促进城市繁荣""低碳韧性，提升城市气候适应能力"

---

[1] 参见《世界城市日—上海指数》，上海世界城市日网。

方面取得显著进展的城市，且首次走出国门，在世界城市日全球主场举办地埃及亚历山大颁发。摩洛哥阿加迪尔、印度特里凡得琅、卡塔尔多哈、墨西哥伊斯塔帕拉帕以及澳大利亚墨尔本 5 座城市获此殊荣。[1]

　　世界城市日设立 11 年以来，见证了全球城市可持续发展，促进了全球城市管理者按照可持续发展目标的要求进行实践和探索，如今已经成为全球应对气候变化、促进城市可持续发展的重要公共平台。通过这一平台，中国与其他国家共同推动全球城市可持续发展进入新阶段。上海作为城市可持续发展全球大会的举办地，正在践行"城市，让生活更美好"的上海世博会主题，发挥其独特的地理优势、经济实力和文化魅力，全力打造未来的繁荣创新之城、幸福人文之城、生态韧性之城，探索超大城市可持续发展之路。

　　上海坚持旧区改造和城市更新相结合的城市转型和发展之路，聚焦综合区域整体焕新行动、人居环境品质提升行动、公共空间设施优化行动、历史风貌魅力重塑行动、产业园区提质增效行动、商业商务活力再造行动，通过改造活化老旧小区、工业遗址、商业区等，优化空间布局，改善居民生活质量，保护历史文化传承，促进经济结构转型升级。尤其体现在老旧社区的更新，注重社区生态系统与人文系统的构建和维护。"田子坊"处于上海的中心城区，是一个保留着花园洋房、新老里弄、里弄工厂等丰富建筑形态的社区。作为上海中心城社区转型的代表，这一地段反映了从近代江南农村社区到法租界华洋混住社区到里弄工厂聚集的生产型社区，继而到创意产业为主题的混合社区的发展脉络。20 世纪末启动的田子坊改造项目体现了多方参与、

---

[1]　参见《上海奖》，上海世界城市日网。

共建共享旧区更新机制，优化了中心城旧区资源配置及空间品质。通过历史街区的保护性再利用，实现对空间资源的配置优化及城市遗产的保护；改善了居民的生活质量和共享街区更新所带来的经济发展机会；完善了城市功能和公共服务配套措施，提升了老区的宜居度和活力。[1]

　　建设包容、安全、有抵御灾害能力、可持续的城市和人类住区是联合国2030可持续发展目标11的核心内容。上海作为一个拥有2500万人口的国际大都市，承载着建设国际经济、金融、贸易、航运、科技创新中心的重要使命，在社会基层治理方面也发挥着积极带动作用。上海持续推动社区治理的改革创新，以普陀区万里社区为例，20世纪90年代中期以前，社区所在地还是农民住宅、工厂仓储和农田交错的郊区村庄，水系污染严重，交通出行不方便，学校、医院、超市等公共服务配套也不足。1997年6月17日，万里社区正式开工建设，被列为上海市政府当年首批四大示范居住区之一。居住区占地216公顷，总建筑面积257万平方米，规划居住户数2万户，规划居住人口6万人。这里的社区住宅与自然河流巧妙地结合起来，是中国上海少见的活水景观住宅区。经过20多年的创新实践，社区发生了翻天覆地的变化。在创新、绿色、协调、开放和共享理念的指引下，万里社区变成了一个生态环境清新宜人，百姓安居乐业，邻里之间友好互助的活力社区，为实现联合国2030年可持续发展目标、为全球可持续社区建设提供了重要参考。[2]

　　自2021年12月31日北区一开园便受到了市民游客的热烈欢迎。2024年9月20日上海世博文化公园南区开园，迎来了全园开放，成

---

[1] 参见《世界城市日—上海手册》，上海世界城市日网。
[2] 参见《世界城市日—上海手册》，上海世界城市日网。

为上海市民休闲、游玩新去处，成为"把最好的资源留给人民"的生动案例。园区里的双子山更是应上海市民建议，在公园内堆山造景建成的国内第一座高度超过 40 米的空腔结构人工仿自然山林，由 48 米高的主峰和 37 米高的次峰组成，山体种植 7000 多棵乔木。站在双子山山顶，远处的城市天际线和卢浦大桥南北高架以及黄浦江两岸美景尽收眼底。

上海在美丽城市建设中，始终坚持绿色低碳、改革创新、开放包容、幸福温情、安全韧性理念，鼓励社会各界及城市居民积极参与城市建设，推动城市绿色低碳发展，改善人居环境，促进人与自然和谐共生，共同打造"城市，让生活更美好"的愿景。作为一个开放包容的国际大都市，"海纳百川，追求卓越，开明睿智，大气谦和"是上海的城市精神，以更加开放的姿态面向世界，影响世界，推动更大范围、更高水平、更深层次的国际合作与交流。上海正在逐步践行"城市，让生活更美好"的誓言，全力打造未来的繁荣创新之城、幸福人文之城、生态韧性之城。"世界城市日"活动，加强了全球各国城市间的理解和沟通。

三、主题会展：超大城市环境治理

2024 年 9 月 12 日，上海举办了主题为"低碳发展，合作共赢"的"一带一路"低碳技术交流会，旨在推动低碳技术合作交流，增强各国在低碳领域的能力建设，促进国际经验的交流与成果的共享，加快低碳技术在全球范围内的推广与传播。来自保加利亚、泰国、马来西亚、柬埔寨、印度尼西亚、文莱、哈萨克斯坦、乌兹别克斯坦、尼日利亚、埃及等国家政府有关部门、国际组织、高校、科研院所、技术转移机构的海外低碳合作伙伴参加了会议，共同探讨低碳技术合作交流。依托复旦大学，并联合亚太五国科研和大学机构，共同建立了上海市"一带一路"亚太地区国际联合实验室的成立，旨在应对气候变化挑战，追求在科技创新、技术支撑等方面的卓越，共同提升区域科学治理的能力与水平。这样的交流会、类似的科研平台，在上海每年要召开多次或成立了不止一家。

良好生态环境也是全球最公平的公共产品，也是全人类最普惠的民生福祉。保护生态环境是各国政府和社会各界共同的责任。人与自然和谐共生，关乎整个地球生态系统健康稳定。作为最大的发展中国家，中国秉持构建人与自然生命共同体的理念，在全球环境保护和生态文明建设中扮演着重要的参与者、贡献者和引领者角色。上海，不仅是我国生态环境治理和绿色低碳发展的排头兵和先行者，而且作为国际化大都市，更应把引领全球生态环境治理、共建人类命运共同体作为代表中国参与国际竞争的重要方面。不仅在制度上积极响应国际合作，而且在行动上通过具体的项目和活动，体现了对生态环境治理的承诺和努力。

成立于 2001 年 6 月的上海合作组织（SCO，以下简称上合组织），作为继联合国、欧盟之后的国际第三大永久性政府间国际组织，是唯一由中国主导的永久性政府间国际组织，也是唯一的以中国城市——上海命名的国际组织。上合组织自成立以来，一直遵循"互信、互利、平等、协商、尊重多样文明、谋求共同发展"的"上海精神"，不断加强政治、安全、经济、人文等领域合作，成为当代国际关系体系中极具影响力的参与者。上合组织目前共有 8 个成员国、4 个观察员国和 6 个对话伙伴国，已成为世界上幅员最广、人口最多的综合性区域合作组织。该组织的宗旨就是开展经贸、环保、文化、科技、教育、能源、交通、金融等领域的合作，促进地区经济、文化、社会的全面均衡发展。

2018 年上合组织青岛峰会期间，《上合组织成员国环保合作构想》顺利通过。这是上合组织框架下第一份关于生态环保合作的框架文件，有助于落实创新、协调、绿色、开放、共享的新发展理念，践行共同、综合、合作、可持续的安全观，推动构建上合组织命运共同体。随后，相关国家在上合组织框架下积极开展生态环保和绿色经济合作。从 2019 年在塔什干签署的《上合组织城市生态福祉发展规划》，到 2021 年在杜尚别通过的《〈上合组织成员国环保合作构想〉2022—2024 年落实措施计划》以及《上合组织绿色之带纲要》等，这些文件从机制入手，旨在促进上合组织生态环保合作议程，实现人与自然和谐相处。

2025 年 1 月 6 日，印度尼西亚作为第 10 个成员国正式加入金砖国家。2006 年，巴西、俄罗斯、印度和中国四国外长举行首次会晤，开启了金砖国家合作的序幕。

金砖国家合作机制成立以来，已形成以领导人会晤为引领，以安全事务高级代表会议、外长会晤等部长级会议为支撑，在经贸、财金、科技、农业、文化、教育、卫生、智库、友城等数十个领域开展务实合作的多层次架构，成为促进世界经济增长、完善全球治理、推动国际关系民主化的建设性力量。2015 年 4 月 22 日，金砖国家（BRICS）首次举办应对气候变化高级别会议，会上各国发表了联合声明，重申了对《联合国气候变化框架公约》及《巴黎协定》目标、原则和制度框架的承诺，强调了多边主义在全球挑战中的重要性。会议通过了《金砖国家高级别气候变化会议联合声明》，并在加速低碳和气候适应性转型、促进多边进程以及加强气候变化团结与合作等方面达成了广泛共识。上海参与了此次会议，共同探讨和应对气候变化挑战。

上海是金砖国家新开发银行的总部所在地。该银行为金砖国家的基础设施建设、清洁能源、环境保护、数字基建等众多领域发展提供融资支持，推动绿色金融发展。金砖国家通过新开发银行实施了一系列环境合作项目。例如，帮助南非偏远地区民众喝上清洁安全的饮用水，以"北电南送"项目为巴西能源短缺地区提供稳定电力等。截至2024年上半年，新开发银行累计为金砖国家约108个项目提供了360亿美元资金。展现了金砖国家对全球生态环境治理的积极参与中的上海贡献。

2024年11月20日至22日，世界自然保护联盟（IUCN）中国会员网络2024年会暨中日韩三方会员交流会在上海举行。中日韩三方共同发布了"NbS在行动"倡议，旨在通过基于自然的解决方案，推动在生态修复、绿色经济等领域取得更多实质成果，展现中日韩三方对全球生态治理的高度关注和使命担当，谱写中日韩绿色合作的新篇章。会上，基于"上海2035"城市总体规划提出的韧性生态之城目标愿景，展示了"一江一河"高品质公共空间、新城绿环、郊野公园、全域土地整治、沪派江南保护传承和湿地生态空间打造等实践与构想。

已连续在上海成功举办多届的中国国际进口博览会，不仅为全球贸易和经济合作提供了平台，也成了展示上海在美丽城市建设方面成就和努力的重要窗口。2024年第七届进博会期间，上海市人民政府新闻办公室发布了进博会主题城市形象片《上海未来之城》，向世界展示了上海的开放、创新、包容的城市形象。其间，上海空气质量保持"全优"，$PM_{2.5}$平均水平达到历年同期最好水平，被称为"进博蓝""水晶天",这正是上海持续深入打好污染防治攻坚战取得成效的直接体现,美丽上海的形象无需多言就尽显风采。

到 2024 年,已连续举办两届的上海国际碳中和博览会是上海服务于国家"双碳"目标的重要措施,展示了上海在绿色发展和环境治理方面的话语体系。上海国际碳博会无疑提供了一个眺望远方的巨大窗口,邀请到国内外近 600 家知名企业参展,重点涵盖能源转型、节能增效、循环经济、实践探索、低碳服务、低碳交通六大板块,并通过设计碳中和技术图谱,为观众提供参展企业和展示技术快速索引查询的一站式服务。千余种碳中和技术、产品准备就绪,各类新场景下的新业态和各行业最前沿的低碳应用,共同绘制碳中和的壮美图景。

截至 2023 年 10 月底,上海市及相关区已与世界上 59 个国家的 94 个市(省、州、大区、道、府、县或区)建立了友好城市关系,促进国际交流和合作。2023 上海国际友好城市合作论坛在沪成功举办,来自 12 个国家的 13 座友好城市代表齐聚申城,围绕"智慧城市建设与深化友城合作"和"经贸合作与友城高质量发展"两个议题,分享智慧城市、创新发展、经贸合作等领域的发展经验,探讨未来合作方向,激发合作潜力,深化合作内涵,助力上海和国际友好城市关系高质量发展。相知无远近,万里尚为邻。多走动、多来往、多交流、多合作,才能让美丽上海的故事说得更多、讲得更好、传得更远。

除以上"上海主场"以外,上海还主动走出去,积极参与全球会议或相关活动,展现了其在全球生态环境治理中的积极作用和影响力,为全球的环境保护和可持续发展提供了上海方案、贡献了上海力量。

城市人口占世界总人口超过了 55%,预计未来 30 年还会新增 25 亿城市居民,65% 的可持续发展目标与城市有关。因此,全球可持续发展关键取决于城市。生物多样性和气候变化无疑是全球可持续发展的重点领域。2022 年，上海参与了联合国《生物多样性公约》第十五次缔约方大会（联合国生物多样性大会），并在推动和实施《昆明—蒙特利尔全球生物多样性框架》中发挥了上海作用。

联合国气候变化大会，即《联合国气候变化框架公约》(《公约》)缔约方大会，每年举办一次，目的在于衡量各国气候进展情况，并就气候变化的多边应对措施进行谈判，以作出决策促进《公约》执行工作并应对气候变化。自 1995 年的 COP1（第一次会议）至 2024 年 11 月的 COP29，推动了世界各国减少碳排放、加快全球能源转型，帮助各国适应复杂的气候问题并增强复原力，同时在动员私营部门、公民社会、行业和个人应对气候危机等方面发挥了至关重要的作用。2021年，联合国人居署、上海市政府和全球可持续发展指数研究所联合举办了以"应对气候变化，建设韧性城市"为主题的全球城市可持续发展大会，旨在为全球城市可持续发展提供城市贡献。2024 年 11 月 11日至 22 日，在阿塞拜疆首都巴库举行的 COP29 就《巴黎协定》第六条全球碳市场机制等议题达成一揽子成果。中国碳市场经过三年多的建设，已基本建成了较为完备的制度体系，形成了符合行业实际的配额分配方式，以全国碳排放权交易市场为主体的碳定价机制逐步形成。以上海为中心建立起来的中国碳市场，无疑也是全球最大碳市场。未来加强碳市场建设国际交流与合作，推动全球碳市场发展。

这些努力表明，上海利用好各种国际合作机制和平台（具体见图7-9），秉持人类命运共同体理念，努力探索超大城市生态环境治理新路径，积极参与应对气候变化、生物多样性保护、绿色"一带一路"建设等全球生态环境治理议题，为全球超大城市可持续发展贡献上海方案。更为重要的是，从上海市到区、街镇，从政府到企业，从科研学者到社会大众，不仅要把美丽上海的故事讲给其他城市听，更要讲给全世界听，为全球生态文明建设，美丽地球建设贡献"阿拉上海"的伟大力量。

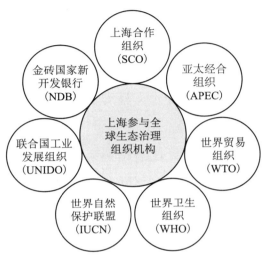

图 7-9 　上海参与全球生态治理的主要组织机构

晨光熹微，杨浦滨江在朝阳的轻抚下醒来。江水泛着金光，波光粼粼；江岸两旁，绿草红花，空气中弥漫着清新与芬芳，让人心旷神怡；艺术雕塑点缀其间，增添了几分文艺气息，让人在漫步中感受到文化的底蕴。蓝天白云下，现代化的建筑与古老的工业遗迹交相辉映，讲述着杨浦的历史与未来。景美人和，相得益彰，共同编织成了杨浦滨江最美丽的篇章。这就是被联合国教科文组织专家称作"世界仅存的最大滨江工业带"的杨浦滨江，被国家文物局授予首批"国家文物保护利用示范区"称号。

占地面积 5.8 万平方米，建筑面积 3.8 万平方米，作为全球建筑规模最大的天文馆，自 2021 年 7 月开馆至今，上海天文馆已成为上海引起全国乃至国际关注的一大"网红"新地标。

上海的景和美，不胜枚举，讲不完，也讲不尽……

180 多年来，传统与现代，东方与西方，南方与北方，本土与外来，守正与创新，文化的传承与发展，文明的交汇与融合，造就了上海的奇迹，形成了美丽中国建设的上海样本。

只有中国才有上海。悠久厚重的历史和博大精深的文化，决定了我国建设全球城市并不是复制一个伦敦、再造一个纽约、克隆一个巴黎，而是要以深厚的中华文明积淀为依托，吸收融合世界文明成果，形成具有鲜明民族特色、独特人文魅力、丰富文化内涵和较高文化品位的中国特色全球城市。

上海对自身的目标愿景无比清晰——"卓越的全球城市，令人向往的创新之城、人文之城、生态之城，具有世界影响力的社会主义现代化国际大都市"，一座经济可持续发展的城市、一座人与自然和谐共生的城市、一座宜居宜业乃至能够推动人的全面发展的城市，才是一座能够稳步迈向未来的城市。

未来已来！而唯有可持续，人类的城市才有未来。创新、协调、绿色、开放、共享，构成的是一套科学、和谐、永续的发展路径，需要方方面面的观念更新、动力再造。上海，没有一刻停下脚步，积极布局在全球生态环境治理中的角色。面对全球气候变化和环境挑战，上海展现出了明确的绿色发展愿景和行动计划，聚焦于科技创新、绿色产业发展、对口支持以及数字化转型、区域和国际合作等多个层面，旨在实现可持续发展和环境保护的全球目标。

上海是一座开放包容、共生共荣的世界城市，正如世界城市日的"世界"二字。上海必须更好地展现主动开放的胸怀和智慧，在全方位、多领域的更高水平对外开放中，持续提升城市能级、不断创造发展机遇，更好代表国家参与国际合作竞争。只有集全球之力、聚世界智慧，城市才能有探索前沿的持续动力，也才可能推动解决全球性的城市问题。

　　人民的力量是伟大的，人民的力量是无穷的。上海是人民的城市。基于中国共产党人的初心使命和人民城市建设的本质要求，探索出具有中国特色、上海特点的现代化之路，用具有说服力的实践彰显中国特色社会主义的制度优势，助力国家提升在全球治理体系中的话语权、影响力。真正讲好人与自然和谐共生的中国故事、上海故事，需要广大人民群众的"口口相传"。要把这些美丽的成果和真实的感受四方传颂到全球民众的耳朵里、眼睛里和心里，帮助身边的人，帮助把全球生态治理行动变成全球民众的自觉行动。

结　语

开创美丽中国建设的城市新范式

　　美丽中国建设既是全面建设社会主义现代化国家的重要目标，也是实现中华民族伟大复兴中国梦的重要内容，还是全体人民的共同心愿。党的二十届三中全会通过的《中共中央关于进一步全面深化改革　推进中国式现代化的决定》提出："聚焦建设美丽中国，加快经济社会发展全面绿色转型，健全生态环境治理体系，推进生态优先、节约集约、绿色低碳发展，促进人与自然和谐共生。"并进一步强调要"坚持人民城市人民建、人民城市为人民"，"推动形成超大特大城市智慧高效治理新体系"。

　　上海作为中国改革开放的前沿阵地，一直是中国式现代化建设的排头兵和先行者。正值习近平总书记提出人民城市重要理念五周年之际，上海出台《关于全面推进美丽上海建设　打造人与自然和谐共生的社会主义现代化国际大都市的实施意见》，以习近平新时代中国特色社会主义思想特别是习近平生态文明思想为指导，深入践行绿水青山就是金山银山的理念和人民城市理念，坚持"人民城市人民建、人民城市为人民"的价值遵循，推进"绿色低碳、环境优美、生态宜居、安全健康、智慧高效为导向"的建设目标，通过"提升城市规划、建设、治理水平，实施城市更新行动，强化城际、城乡生态共保环境共治"的实现路径，努力打造美丽中国上海典范，生动演绎人与自然和谐共生现代化国际大都市上海样本，为美丽中国先行区建设和全球超大城市可持续发展贡献上海方案。

坚持以人民城市重要理念为价值遵循。 人与自然的关系是人类社会最基本的关系。人民性是马克思主义的基本立场、本质属性和最鲜明的品格。城市属于人民、城市发展为了人民、城市治理依靠人民，这是新时代中国谋划城市发展和开展城市管理的立场观点方法。全面建设美丽上海，须以人民城市重要理念为价值遵循，始终将人民群众对优美生态环境、适宜人居环境在内的美好生活需要作为出发点和落脚点，坚持人民主体地位，充分体现人民意志、保障人民权益、激发人民创造活力，依靠人民群众智慧、力量和自觉行为，打造人与自然和谐共生的社会主义现代化国际大都市。

一方面，建设美丽上海是为了满足人民群众优美环境的需要。良好生态环境是最普惠的民生福祉。全面推进美丽上海建设，坚持生态惠民、生态利民、生态为民，把最好的资源留给人民，以更优的供给服务人民，并及时充分回应广大人民群众日益增长的优美生态环境需要，持续全面改善生态环境和城乡人居环境，提供更多优质生态产品，不断满足人民群众对良好生态环境的新期待，不断增强人民群众的获得感、幸福感、安全感，让美丽上海建设成果更多更公平惠及广大人民群众。

另一方面，把建设美丽上海转化为人民群众的自觉行动。聚焦垃圾分类、"光盘行动"等"关键小事"，培育弘扬生态文化，广泛动员群众参与，增强市民节约意识、环保意识，倡导简约适度、绿色低碳、文明健康的生活方式和消费模式，引导、倒逼传统生产方式、传统产业绿色低碳转型升级，促进生态产品的生产、供给和价值实现。对生产方式、生活方式进行严格的管控与约束、规制与调整，把经济活动限制在自然资源和生态环境能够承载的限度内，给自然生态留下休养生息的时间和空间。鼓励园区、企业、社区、学校等基层单位开展绿色、清洁、零碳引领行动，把建设美丽上海转化为全社会的行为自觉，汇聚起美丽上海建设的强大合力和持续动力。

全面建设人与自然和谐的美丽上海。建设美丽上海，是中国生态文明建设的生动实践。生态文明，是一场涉及生产方式、生活方式、思维方式和价值观念的革命性变革。上海须深入学习贯彻习近平生态文明思想、人民城市重要理念和习近平总书记考察上海重要讲话精神，紧密结合"五个中心"建设重要使命，把美丽上海建设放在全市经济社会发展大局中思考谋划，统筹产业结构调整、污染治理、生态保护和应对气候变化，协同推进降碳、减污、扩绿、增长，以绿色低碳发展作为解决生态环境问题的治本之策，以高品质生态环境支撑高质量经济社会发展，打造人与自然和谐共生的社会主义现代化国际大都市。

持续优化开发保护格局，绘制一幅生态宜居、经济繁荣、共治共享的人与自然和谐共生的美丽城市新画卷。城市更新贴近人民需求进行规划、建设、治理、评估，更加包容多元，既保留了城市的历史记忆，又注入了新的生机与活力。上海谋划布局已有多年，2015 年起陆续出台《上海市城市更新实施办法》《上海市城市更新条例》《关于深化实施城市更新行动加快推动高质量发展的意见》《上海市城市更新行动方案（2023—2025 年）》等，明确了上海城市更新的着力点和路径，开启了上海城市更新的新篇章。顺应群众对更多公共空间、更好生态环境的期待，大力推进黄浦江、苏州河还岸于民、还绿于民。"一江一河"岸线贯通超过 100 公里，滨水空间品质持续提升，扮靓"生活秀带"，建强"发展绣带"。公园是承载公共服务和人民群众优美环境需要等功能的空间载体。上海积极推进公园与城市空间无界融合，打造公园城市。已建成了包括 9 个郊野公园、6 个森林公园、30 余座环城生态公园在内的 832 座公园，建成 8 个千亩以上的大型开放休闲林地和 100 余处小微开放林地，111 家企事业单位开放附属绿地。上海中环、苏州河沿线以及新虹桥等过去被视为"城市边角料"的空间被有效利用起来，变成了高品质的公共活动场所。上海建立规划师、景观师、建筑师"三师联创"工作机制，构建"沪派江南"的乡村风貌和空间结构，统筹田水路林村、风土历史人文各类城乡要素，持续推进郊野乡村的"滩水林田湖草荡"一体化系统化治理，着力打造蓝绿交织、清新明亮、城乡共融的市域空间风貌体系和沪派江南格局。累计建成 112 个乡村振兴示范村、5 个"五好两宜"和美乡村，让民众在国际大都市的繁华与喧嚣中也能寻找到阡陌田园的诗意江南，成为"国际大都市"与"美丽乡村"相互辉映的生动实践。城市生活空间、生产空间和生态空间的持续优化功能、不断提升品质，不仅将人民美好生活愿景照进现实，更成为讲述美丽上海故事、向世界展示生态文明魅力的生动载体。

推动经济社会发展的绿色低碳转型，为发展新质生产力注入绿色动能。加快推动经济社会发展方式绿色低碳转型，以关键核心技术攻关带动钢铁石化等传统产业的科技创新，不仅促进了相应产业自身的可持续发展，更带动了宝山、金山"南北转型"，打造传统工业地区转型样板区。大力发展新质生产力，全市新能源汽车保有量位居全球城市第一，战略性新兴产业增加值占上海市生产总值的比重达到 24.8%。上海正积极构建绿色金融生态圈，通过创新体制机制和政策支持，引领绿色金融发展，银行等金融机构积极参与绿色金融标准体系建设，推出多种绿色金融产品，跨部门、跨领域协同合作，共同推动绿色金融市场的繁荣与发展，取得了显著成效。着力构建绿色低碳供应链，积极探索碳足迹管理体系，高水平运行全国碳排放权交易市场。注重培育发展绿色生产力，坚持实事求是、因地制宜的原则，根据本地区自然地理环境、生态特质、产业基础等因素，推动绿色低碳发展，以高品质生态环境支撑高质量发展，为构建人民城市新样本贡献绿色力量。2024 年 1 月起施行的《上海市发展方式绿色转型促进条例》，为推进上海发展方式绿色转型、推动经济社会可持续高质量发展提供了制度保障。

推进生态环境与人居环境的持续改善，筑牢美丽上海建设的生态根基。在污染防治方面，上海通过燃煤污染防治、挥发性有机物污染（VOCs）防治和移动源污染防治等措施，空气质量显著提升；坚持清水为民、还岸于民的原则，实施水污染防治行动计划，全面提升水污染防治基础设施能力；土壤污染治理也取得了显著成效，确保老百姓"吃得放心、住得安心"；建立了生活垃圾全程分类体系，提升垃圾资源化利用与处理处置能力，激发基层社区活力，打造了一批垃圾分类示范亮点。推进"五违四必"整治行动，实行全面排查整治、重点区域整治、综合环境专项集中整治、长效管理机制等，实现了人居环境的显著改善，安全隐患得以消除，违法无证建筑被拆除，脏乱现象得到整治，违法经营被取缔，居民生活条件大幅提升。"15 分钟社区生活圈"的美丽街区建设，着眼的都是百姓身边事，不仅提升了公共空间品质和人居环境质量，让百姓近距离见证和更直观地感受到了"家门口"变美变好，这一过程中充分吸纳了居民意见，得到了广大居民的普遍支持和积极参与，构建了以人为本的"社区治理共同体"。截至 2023 年底，上海已建成 657 个"美丽街区"。

构建韧性城市，构建美丽上海的生态安全格局。通过优化生态空间、农业空间和城镇空间的生态安全格局，为城市安全运行提供了坚实保障。在环境风险评估与应急能力建设方面，上海全面实施企业环境应急预案备案管理，加强企业环境风险隐患排查，减少危化品产用过程中可能发生的泄漏或爆炸等事故灾害，积极组织环境应急演练，不断提升企业生态环境应急能力，确保在突发环境事件发生时能够迅速响应、有效处置。积极应对台风等灾害天气，上海通过提前部署、加强监测预警、落实"六停"措施、人员转移安置、加强重点区域巡查、应急物资和队伍准备、应急演练、社会宣传和科普教育以及跨部门协作等一系列措施，有效保障了人民群众的生命财产安全和城市的运行秩序，展现了面对自然灾害时的城市韧性。代表中国积极参与国际合作，为推动全球应对气候变化、实现超大城市的绿色可持续发展，展现了上海作为国际大都市的责任与担当。

探索超大城市治理新模式，推动城市治理现代化。运用大数据、云计算、人工智能等现代信息技术，提升城市治理智能化、精细化水平，精心绘好超大城市治理的"工笔画"。统筹产业结构调整、污染治理、生态保护和应对气候变化，协同推进降碳、减污、扩绿、增长，通过建立跨部门、跨领域合作机制，共同推进经济高质量发展、生态环境高水平保护，构建超大城市现代环境治理体系；通过"一网通办"和"一网统管"，实现了政务服务的优化和城市管理的精细化，打造共建共治共享的社区生活共同体，让城市治理更加精准对接民众需求，展现了城市治理现代化的新风貌。上海制定实施两轮三年行动计划，着力破解城市治理难题。近年来，加强污水收集处理"厂站网"一体化建设和运维，开展架空线入地和杆箱合杆整治，消除城市上空"蛛网"，累计完成900多公里。持续深化电动车、燃气、仓储等风险隐患综合治理，电动自行车火灾风险下降70%以上。

美丽上海建构中国城市化新范式。作为中国的经济、金融、贸易、航运、科创中心，上海进一步深化人民城市重要理念的认识，以高品质生态环境、人居环境支撑经济高质量发展和人民美好生活，引领共建区域一体化的美丽中国先行区，打造美丽中国的上海样本，为全球超大城市可持续发展贡献上海智慧、提供上海方案。

在区域一体化发展中，引领共建美丽中国先行区。上海继续紧扣"一体化"和"高质量"两个关键词，聚焦系统性、区域性、跨界性的生态环境问题，通过完善"上海都市圈—长三角—长江经济带"等不同空间尺度深入推进生态环境领域的全方位协作，探索区域联动、分工协作、协同推进大气、水、固废、近岸海域等重点领域共保联治新机制、新路径，加强区域协同立法和联合执法，强化生态环境突发事件应急联动，加快推动生态环境数据信息共享，携手打造人与自然和谐共生的世界级城市群，共同建设长三角和长江经济带美丽、生态、绿色、和谐的美丽中国先行区。

在美丽中国建设中，提供可复制、可推广的上海模式。上海深刻把握超大城市生态环境治理的规律和特征，锚定目标狠抓责任落实，坚定不移走生态优先、节约集约、绿色低碳发展之路，注重整体保护、系统修复，打好法治、市场、科技、政策组合拳，精细化实施生态环境综合治理，加快构建符合上海超大城市特点和规律的现代环境治理体系，为全面推进美丽上海建设、加快打造人与自然和谐共生的社会主义现代化国际大都市提供强大动力和制度保障，努力走出一条具有中国特色的超大城市生态环境治理之路。

在全球化背景下，主动代表中国积极参与全球生态环境治理。2010 年的上海世博会使"城市，让生活更美好"成为全球共识，所通过的《上海宣言》，倡议将每年的 10 月 31 日定为"世界城市日"并获联合国大会通过。这是首个以城市为主题的国际日，也是第一个由中国政府倡议并成功设立的国际日。美丽上海建设不但能生动演绎人与自然和谐共生现代化的内涵和特征，而且能更好地向世界展示中国式现代化的光明前景，是引领全球生态环境治理、贡献中国智慧的重要体现。上海应秉持人类命运共同体理念，在联合国、"一带一路"、上海合作组织、金砖国家、G40 城市气候治理网络等框架内，积极参与并主动引领应对气候变化、生物多样性保护、绿色低碳发展等全球生态环境治理合作。通过与国际社会的广泛交流与合作，为全球生态环境治理贡献中国智慧和中国方案，更为推动构建人类命运共同体注入新的动力和活力。

建设美丽上海，不仅是中国人与自然和谐共生现代化的样本，更是开创了新时代中国城市化新范式。上海将在"中国式现代化"的伟大实践中，始终以习近平新时代中国特色社会主义思想为引领，不断深化"人民城市人民建，人民城市为人民"的重要理念，持续推进城市治理现代化，积极探索符合时代要求、体现上海特色的美丽城市建设新路，为满足人民对包括优美环境在内的美好生活需要而不懈努力，书写美丽中国建设、实现人与自然和谐共生现代化"上海样本"的时代华章。

参考文献 ━━━━━━━━━

［1］包存宽：《当代中国生态发展的逻辑》，上海人民出版社 2019 年版。

［2］包存宽：《习近平生态文明思想的历史逻辑》，《复旦学报》（社会科学版）2022 年第 5 期。

［3］包存宽、李红丽：《机制活、产业优、百姓富、生态美》，《解放日报》2024 年 5 月 13 日。

［4］包存宽、李红丽：《顶层设计与群众路线相结合　全面推进美丽中国建设》，天津日报 2024 年 6 月 21 日。

［5］包存宽、申沐曦、李红丽：《基于"时间—空间—关系"三个维度的美丽城市建设研究》，《生态经济》2025 年第 1 期。

［6］包存宽、夏甘霖：《"五个新城"建设进入全面发力期，立好这个"规矩"至关重要》，上观新闻 2022 年 7 月 10 日。

［7］包存宽、夏甘霖：《抓住人民对优美环境的需要这一现实要求》，学习时报（高端智库）2023 年 8 月 7 日。

［8］薄景山、王玉婷、薄涛等：《韧性城市的研究进展和韧性城乡建设的建议》，《世界地震工程》2022 年第 3 期。

［9］曹世焕、刘一虹：《风景园林与城市的融合：对未来公园城市的提议》，《中国园林》2010 年第 4 期。

［10］陈明坤、李荷：《化"畸零边角"为"金角银边"的公园城市微场景更新研究》，《中国园林》2024 年 7 月 31 日网络首发。

［11］陈学明：《"生态马克思主义"对于我们建设生态文明的启

示》,《复旦学报》(社会科学版)2008年第4期。

[12]陈玺撼:《2025年绿色上海实现两个"1000"》,《解放日报》2021年8月6日。

[13]崔冬、赵庚润、卢永金:《黄浦江河口建闸挡潮效果初步分析》,《水利水电科技进展》2012年第1期。

[14]戴星翼、董骁:《"五位一体"推进生态文明建设》,上海人民出版社2014年版。

[15]杜德斌:《一带一路:开启全球治理新模式》,《中国社会科学报》2017年6月1日。

[16]杜焱强、包存宽:《生态试点示范区暴露出的问题》,《环球时报》2016年9月19日。

[17]傅伯杰、陈利顶、马克明:《景观生态学原理及应用》,科学出版社2011年版。

[18]傅伯杰:《地理学综合研究的途径与方法:格局与过程耦合》,《地理学报》2014年第8期。

[19]付琳、曹颖、杨秀:《国家气候适应型城市建设试点的进展分析与政策建议》,《气候变化研究进展》2020年第6期。

[20]耿步健:《论习近平生命共同体理念的整体性逻辑》,《探索》2021年第3期。

[21]何璇、毛惠萍、牛冬杰、包存宽:《生态规划及其相关概念演变和关系辨析》,《应用生态学报》2013年第8期。

[22]《@虹口人,来看看这个"15分钟生活圈"是否与你有关?》,上海市虹口区人民政府网,2024年12月17日。

[23]华霞虹、庄慎:《以设计促进公共日常生活空间的更新——上海城市微更新实践综述》,《建筑学报》2022年第3期。

［24］华智亚：《韧性思维、韧性基础设施与城市运行安全》，《上海城市管理》2021 年第 1 期。

［25］金轩：《加快构建绿色低碳循环发展经济体系　促进经济社会发展全面绿色转型》，《人民日报》2024 年 11 月 7 日。

［26］金云峰、陈栋菲、王淳淳等：《公园城市思想下的城市公共开放空间内生活力营造途径探究——以上海徐汇滨水空间更新为例》，《中国城市林业》2019 年第 5 期。

［27］金云峰、张新然：《基于公共性视角的城市附属绿地景观设计策略》，《中国城市林业》2017 年第 5 期。

［28］阚恒、丁冠乔、郭杰等：《基于生态安全格局分析的国土空间生态修复关键区域识别：以环太湖城市群为例》，《应用生态学报》2024 年第 8 期。

［29］兰岚、包存宽：《垃圾强制分类，为啥这些单位要带头》，《解放日报》2017 年 12 月 19 日。

［30］刘助仁：《日本播磨科学公园都市》，《世界研究与开发报导》1990 年第 2 期。

［31］卢宁：《从"两山理念"到绿色发展：马克思主义生产力理论的创新成果》，《浙江社会科学》2016 年第 1 期。

［32］马唯为、金云峰：《城市休闲空间发展理念下公园绿地设计方法研究》，《中国城市林业》2016 年第 1 期。

［33］毛惠萍、何璇、何佳、牛冬杰、包存宽：《生态示范创建回顾及生态文明建设模式初探》，《应用生态学报》2013 年第 4 期。

［34］潘庆华、白潇：《韧性城市概述和对我国城市规划的一些思考》，《四川建筑》2017 年第 3 期。

［35］秦昌波、苏洁琼、王倩等：《"绿水青山就是金山银山"理

论实践政策机制研究》,《环境科学研究》2018 年第 6 期。

[36] 孙金龙:《以美丽中国建设全面推进人与自然和谐共生的现代化》,《中国生态文明》2024 年第 3 期。

[37] 宋马林:《深入贯彻落实长三角区域生态环境共保联治战略》,《红旗文稿》2024 年第 7 期。

[38] 宋献中、胡珺:《理论创新与实践引领:习近平生态文明思想研究》,《暨南学报》(哲学社会科学版)2018 年第 1 期。

[39] 万军、路路、张晓婧等:《美丽中国建设地方实践评估与展望》,《中国环境管理》2022 年第 6 期。

[40] 汪信砚:《论习近平生态文明思想》,《中南民族大学学报》(人文社会科学版)2023 年第 10 期。

[41] 邬建国:《景观生态学——概念与理论》,《生态学杂志》2000 年第 1 期。

[42] 吴琼、李志刚、吴闽:《城市口袋公园研究现状与发展趋势》,《地球信息科学学报》2023 年第 12 期。

[43] 吴秋晴:《面向实施的系统治理行动:上海 15 分钟社区生活圈实践探索》,《北京规划建设》2023 年第 4 期。

[44] 王立萍:《国土空间规划下县级新型城镇化建设研究》,《新型城镇化》2024 年第 4 期。

[45] 王南湜:《"共同体"命题的哲学阐释》,《光明日报》2019 年 8 月 12 日。

[46] 王晓峰、朱梦娜、张欣蓉等:《基于"源地—阻力—廊道"的三江源区生态安全格局构建》,《生态学报》2024 年第 11 期。

[47] 王艺霖:《习近平生态文明思想对中华优秀传统文化的创造性转化和创新性发展》,《环境与可持续发展》2021 年第 6 期。

［48］项松林、潘莉媛：《韧性城市的理念演进与发展路径——以合肥市为例》，《湖北经济学院学报》2022 年第 6 期。

［49］肖笃宁、布仁仓、李秀珍：《生态空间理论与景观异质性》，《生态学报》1997 年第 5 期。

［50］熊健：《打造人民城市的理想社区 15 分钟社区生活圈理论的源起、演进与展望》，《时代建筑》2022 年第 2 期。

［51］徐曼、何璇、何佳、包存宽：《基于生态文明的最严格环境保护制度的框架体系》，《环境科学与管理》2013 年第 10 期。

［52］许晴：《改革开放以来中国共产党推进生态环境治理现代化的历程及经验研究》，西安电子科技大学硕士学位论文，2022 年。

［53］徐素、赵民：《从"反磁力中心"到"区域节点城市"：论新时代大城市新城建设的功能迭代与规划策略》，《城市规划》2024 年第 9 期。

［54］闫世东、黄潇漪：《上海市生活垃圾分类与科普宣传实践及经验》，《环境保护》2019 年第 12 期。

［55］杨青、吴向荣、刘洋等：《国家中心城市交通碳排放效率的空间网络结构及动因研究》，《环境工程技术学报》2024 年第 4 期。

［56］赵成：《马克思的生态思想及其对我国生态文明建设的启示》，《马克思主义与现实》2009 年第 2 期。

［57］赵瑞东、方创琳、刘海猛：《城市韧性研究进展与展望》，《地理科学进展》2020 年第 10 期。

［58］张秋菊、傅伯杰、陈利顶：《关于景观格局演变研究的几个问题》，《地理科学》2003 年第 3 期。

［59］张静：《新时代生态环境治理体系视域下的共建共治共享研究》，《西南大学学报》（社会科学版）2023 年第 6 期。

［60］张静宇:《韧性理论视角下城中村建设探讨》,《城市住宅》2021年第2期。

［61］张璐璐、朱丹、宋德萱:《生态修复视角下高密度城市老旧住区更新路径——上海生境花园营造的经验与启示》,《住宅科技》2023年第2期。

［62］张萍:《加快推动吴淞创新城转型发展》,《中国宝武报》2023年10月31日。

［63］张希晨:《公园城市发展理念与规划策略研究》,华南农业大学硕士学位论文2023年。

［64］钟开斌:《推进韧性城市建设的重大意义和重点任务》,《中国应急管理科学》2023年第2期。

［65］朱红、宋兵波:《习近平生态文明思想视阈下人与自然和谐共生的理论构建与实践路径》,《北京林业大学学报》(社会科学版)2024年第4期。

［66］周向军、童成帅:《论习近平生态文明思想的哲学基础及其逻辑》,《山东大学学报》(哲学社会科学版)2023年第5期。

后　记 ——————

　　中国式现代化是全面建成社会主义现代化强国、实现中华民族伟大复兴的康庄大道。2024 年 7 月，党的二十届三中全会对进一步全面深化改革、推进中国式现代化作出系统部署，提出"七个聚焦"的分领域改革目标，强调聚焦构建高水平社会主义市场经济体制，聚焦发展全过程人民民主，聚焦建设社会主义文化强国，聚焦提高人民生活品质，聚焦建设美丽中国，聚焦建设更高水平平安中国，聚焦提高党的领导水平和长期执政能力，从总体上囊括了推进中国式现代化的战略重点。

　　上海是改革开放排头兵、创新发展先行者，在推进中国式现代化中肩负着光荣使命。2023 年 12 月，习近平总书记在上海考察时强调，上海要聚焦建设"五个中心"重要使命，加快建成具有世界影响力的社会主义现代化国际大都市，在推进中国式现代化中充分发挥龙头带动和示范引领作用。

　　为深入学习贯彻党的二十届三中全会精神，深入阐释上海践行习近平总书记嘱托、服务国家战略的创新探索，2024 年 7 月，上海市委宣传部、市社科规划办策划和组织"中国式现代化的上海样本"系列课题研究，对标党的二十届三中全会提出的"七个聚焦"战略重点，遴选知名专家组建研究团队，以市社科规划课题形式开展高质量课题研究，对上海在新征程上推进中国式现代化的实践经验进行理论总结和提炼。设立的 7 项研究选题分别为"推进高质量发展、加快建设'五个中心'""发展全过程人民民主""建设习近平文化思想最佳实践地""创造高品质生活""全面推进美丽上海建设""推进中国特色超大城市治理""走出符合超大城市特点规律的基层党建新路"等。

成果质量是学术研究的生命线。市委常委、宣传部部长赵嘉鸣全程关心指导研究课题的推进工作，要求务必精耕细作、形成高质量研究成果。市委宣传部落实课题全周期管理，在课题启动、推进、结项等环节先后召开多次会议，市委宣传部分管副部长权衡出席并作具体指导，市委党校常务副校长曾峻、市政协副秘书长沈立新、市委政策研究室副主任张斌、市人民政府发展研究中心副主任严军等四位专家全程跟进指导，确保课题研究质量，最终形成本套"中国式现代化的上海样本"丛书，并作为"党的创新理论体系化学理化研究文库"首套丛书。

本书系"全面推进美丽上海建设"课题成果。课题以习近平生态文明思想为指导，从"时间—空间—关联"三个维度，对美丽上海的基本内涵、时代特征、责任担当与内在逻辑等进行学理性阐释和政策性解读，从黄浦江苏州河这"一江一河"治理、城市更新与人居环境与生态环境改善、公园城市、金山宝山南北转型、生态安全与城市韧性、长三角一体化治理等实践案例的"小切口"，讲好"以高品质生态环境、人居环境支撑经济高质量发展和人民美好生活""全面推进美丽上海、建设打造人与自然和谐共生的社会主义现代化国际大都市"的"大道理"，归纳美丽上海建设、经济社会发展全面绿色转型和超大城市生态环境治理的"密码"，并在全球叙事下讲好"美丽中国建设的上海故事"。该项课题由复旦大学包存宽、李红丽、陈红敏三位老师和申沐曦、杨善越、任杰、王佳目、陈哲、王晓涛、陈江海、赵为、戚重未、施懿、吴清滟等同学，经过大半年时间完成，最后由包存宽、李红丽、申沐曦统稿定稿。

参与本书组织工作的有市社科规划办李安方，市委宣传部理论处陈殷华、薛建华、姚东、柳相宇等。本书的出版得到了上海人民出版社的大力支持，在此表示感谢。

2025 年 5 月

图书在版编目(CIP)数据

美丽上海建设：人与自然和谐共生的理论与实践 /
包存宽等著. -- 上海 ：上海人民出版社，2025.
ISBN 978-7-208-19569-1

Ⅰ . F299.275.1

中国国家版本馆 CIP 数据核字第 2025EQ8679 号

责任编辑　李　莹
封面设计　汪　昊

美丽上海建设：人与自然和谐共生的理论与实践
包存宽　李红丽　申沐曦　等著

出　　版　上海人民出版社
　　　　　（201101　上海市闵行区号景路 159 弄 C 座）
发　　行　上海人民出版社发行中心
印　　刷　上海中华印刷有限公司
开　　本　787×1092　1/16
印　　张　14
插　　页　3
字　　数　162,000
版　　次　2025 年 6 月第 1 版
印　　次　2025 年 6 月第 1 次印刷
ISBN 978 - 7 - 208 - 19569 - 1/D・4519
定　　价　65.00 元